TRANSFORMER SON ESPRIT

Sur le chemin de la sérénité

Sa Sainteté le Dalaï-Lama

TRANSFORMER SON ESPRIT

Sur le chemin de la sérénité

Traduit de l'anglais
par Yolande du Luart

PLON

Titre original
Transforming the mind

ISBN Plon : 2-259-19351-X
ISBN édition originale : 0 7225 4030 2 HB
0 7225 3865 0 PB

Préface

En mai 1999, Sa Sainteté le Dalaï-Lama a commenté pendant trois jours les *Huit Versets sur la transformation de l'esprit* au centre de la Wembley Conference à Londres, et a donné une conférence publique, « Une éthique pour le nouveau millénaire » au Royal Albert Hall. La visite de Sa Sainteté au Royaume-Uni a été organisée à la demande du Tibet House Trust.

L'archevêque de Canterbury a également invité Sa Sainteté à donner une conférence au Lambeth Palace à Londres — la dixième conférence œcuménique pour la paix dans le monde — sur « le rôle des communautés religieuses ».

Les *Huit Versets sur la transformation de l'esprit* représente l'un des textes les plus importants d'une des formes de littérature tibétaine spirituelle, connue sous l'appellation de *lo-jong*, ce qui signifie littéralement « transformer l'esprit ». Ces versets ont été rédigés par le maître tibétain Langri Thangpa au XIe siècle. Sa Sainteté le Dalaï-Lama fait référence à ces textes courts comme à l'une de ses principales sources d'inspiration.

Les thèmes principaux des enseignements du *lo-jong* incluent, entre autres, la culture de la compassion, un comportement équilibré à l'égard de soi-même et des autres, le développement d'une pensée positive et la transformation des situations négatives en conditions favorables au développement spirituel.

Quatre mois avant ces conférences, tous les billets avaient été vendus. En raison du manque de place, beaucoup ont été déçus de ne pouvoir y assister. C'est la raison pour laquelle de nombreuses personnes ont demandé à l'Office du Tibet londonien de communiquer ces enseignements à un large public. Nous sommes donc heureux de publier ce livre aujourd'hui.

L'Office du Tibet tient à remercier Jane Rasch et Cait Collins qui ont traduit ces enseignements, et l'éditeur Dominique Side. Nous sommes également reconnaissants envers le Dr Thupten Jinpa qui a interprété les enseignements de Sa Sainteté en anglais et a supervisé l'édition du manuscrit sous sa forme définitive.

M. Mgyur Dorjee,
représentant à Londres
de Sa Sainteté le Dalaï-Lama

Chapitre 1

Les fondements de la transformation de l'esprit

LE SENS DE LA TRANSFORMATION

Le terme tibétain *lo-jong* signifie littéralement « entraîner l'esprit » ou « transformer l'esprit », ce qui implique une discipline intérieure. L'objectif de la transformation du cœur et de l'esprit est de trouver le bonheur. Lorsque nous mentionnons le bonheur ou la souffrance, nous parlons de notre expérience personnelle qui est directement reliée à l'esprit humain. Laissons de côté la question philosophique qui concernerait le conscience distincte de notre corps. Il est évident qu'en tant qu'êtres humains, nous avons le désir d'être heureux et de surmonter la souffrance. C'est un fait que nous nous proposons d'établir comme point de départ.

Cependant, avant de développer ce point en détail, examinons brièvement la nature de l'expérience. Je pense que nous pouvons affirmer que l'expérience existe au niveau de la conscience ou de l'esprit parce que, même lorsque nous évoquons nos expériences physiques, elles ne proviennent pas uniquement du corps. Par exemple, si nous anesthésions une partie de notre corps, nous ne ressentons plus rien à cet endroit. Donc l'expérience est en relation avec la sensation qui, à son tour, se trouve en relation avec la conscience. Pour résumer, nos expériences se divisent en deux catégories. L'une est plutôt connectée à notre corps et se manifeste principalement à travers les organes des sens, tandis que l'autre est en relation avec ce qui peut être appelé la « conscience mentale » ou l'« esprit ».

Sur le plan du niveau physique de l'expérience, il n'existe pas de grande différence entre nous-mêmes et les espèces animales. Les animaux ont eux aussi la capacité d'éprouver de la douleur et du plaisir. Ce qui distingue les humains d'autres formes du vivant est que nous avons des expériences mentales beaucoup plus puissantes, sous forme de pensées et d'émotions. Bien sûr, on pourrait imaginer que certaines espèces soient capables d'avoir ce genre d'expérience, au moins jusqu'à un certain degré — certains animaux sont doués de mémoire, par exemple —, il est évident qu'en général, les êtres humains ont davantage de capacités pour les expériences mentales.

Le fait qu'il existe deux grandes catégories d'expériences implique des éléments intéressants. Par exemple, si l'état d'esprit d'une personne est serein et calme, il est possible que sa paix intérieure l'aide à surmonter une expérience physique douloureuse. De même, si cette personne est dépressive, anxieuse ou en proie à une détresse émotionnelle, ou au contraire, même si elle est entourée d'un confort physique, elle sera incapable d'éprouver de ce confort. Cela montre que notre état d'esprit, au niveau de nos émotions et de nos comportements, joue un rôle vital dans la manière dont nous expérimentons plaisir et douleur. Les enseignements du *lo-jong* sur la transformation de l'esprit nous proposent une série de méthodes par lesquelles nous pouvons concentrer et discipliner notre esprit, et créer ainsi les fondements du bonheur que nous recherchons.

Nous savons tous qu'il y a une connexion intime entre notre bien-être physique et notre bien-être émotionnel. Nous savons, par exemple, que la maladie influence notre état d'esprit et qu'en revanche un meilleur état de santé contribue à un meilleur équilibre mental. Etant donné que nous sommes nombreux à reconnaître cette correspondance, certains d'entre nous se livrent à des pratiques physiques et à des exercices susceptibles d'aider à acquérir ce bien-être physique qui contribuera à notre bien-être mental. Il existe des pratiques traditionnelles dont la fonction est d'entraîner notre énergie : on les nomme *prana yogas*, ou « yogas de l'énergie du souffle ». Aujourd'hui, ces pratiques sont devenues très populaires dans le monde moderne car beaucoup de gens ont découvert que grâce au yoga, ils peuvent jouir d'une santé physique qui les mène à une meilleure santé mentale.

La méthode suggérée par les enseignements du *lo-jong* est légèrement différente. Ceux-ci sont directement concentrés sur le développement propre de l'esprit, à travers la transformation de nos comportements et de nos habitudes de pensée.

Il est important de savoir qu'une pratique qui transforme vraiment notre cœur et notre esprit ne peut, en aucun cas, nous être imposée de quelque manière que ce soit. Dans le cas des exercices physiques, au contraire, une certaine pression peut être efficace pour établir une discipline, mais la discipline mentale requise pour la transformation de l'esprit ne peut être imposée par la force. Elle doit être fondée sur notre conscience individuelle que certains comportements sont bénéfiques, tandis que d'autres ne le sont pas. Alors seulement, nous décidons de notre plein gré de suivre une discipline spirituelle. Cette manière de nous engager sur une voie spirituelle est la seule qui transformera notre mental.

Il s'ensuit que la clé de la transformation de nos cœurs et de nos esprits consiste à comprendre comment nos pensées et nos émotions fonctionnent. Nous avons besoin d'apprendre comment identifier les oppositions dans nos conflits intérieurs. A propos de la colère, par exemple, il nous faut constater combien la colère est destructrice, et prendre conscience en même temps qu'au centre de nos pensées et de nos émotions, existent des antidotes que nous pouvons utiliser pour la combattre. Ainsi, d'abord en comprenant que les pensées et les émotions mauvaises sont destructrices et négatives, et ensuite en essayant de renforcer nos pensées et nos émotions positives — leurs antidotes —, nous pouvons réduire graduellement l'intensité de notre colère, de notre haine, etc.

Lorsque nous décidons de travailler sur notre colère et notre haine, il ne suffit pas d'émettre un vœu pieux : « Que la colère ne monte pas en moi » ou « Que je sois délivré de la haine ». Cela peut aider, mais le désir seul ne nous mènera pas très loin. Nous avons besoin de faire un effort pour suivre une discipline consciente qui sera appliquée durant notre vie pour réduire la force de notre colère et cultiver son contraire, l'altruisme. Telle est la voie pour discipliner l'esprit.

L'introspection est le moyen d'examiner comment les pensées et les émotions affluent en nous. Il est naturel d'éprouver de nombreuses émotions différentes. La raison en est philosophique. Selon la philosophie bouddhiste, la plupart des émotions surviennent d'habitudes passées, de notre karma, d'où provient la faculté d'un individu à penser et sentir. Ces pensées et ces émotions vivent en nous. Si nous ne les analysons pas et ne les contrôlons pas, cela produit des problèmes inédits, souffrance et détresse.

C'est pourquoi il nous faut adopter la discipline consciente dont nous avons parlé plus haut : pour diminuer la force d'une émotion négative comme la colère ou la haine, nous devons encourager son antidote, l'amour et la compassion.

Cela ne suffit pas. Il ne suffit pas de reconnaître que c'est nécessaire, de même qu'il ne suffit pas de désirer que l'amour et la compassion grandissent en nous.

Nous devons fournir un effort continu et répété afin de cultiver en nous les aspects positifs. Ici, la clé est la familiarité constante. La nature des pensées et des émotions humaines est telle que plus on s'y livre, plus elles prennent de place, plus elles deviennent puissantes. Nous devons développer consciemment l'amour et la compassion pour accroître leur pouvoir. Nous évoquons donc une méthode permettant de cultiver des habitudes positives. Nous la pratiquons par la méditation.

LA MÉDITATION : UNE DISCIPLINE SPIRITUELLE

Que signifie le mot méditation ? Du point de vue bouddhiste, la méditation est une discipline spirituelle qui nous permet d'exercer — dans une certaine mesure — un contrôle sur nos pensées et nos émotions.

Pourquoi ne réussissons-nous pas à jouir du bonheur permanent que nous recherchons ? Pourquoi sommes-nous si souvent confrontés à la souffrance et au malheur ? Le bouddhisme indique que notre état d'esprit naturel est sauvage et indiscipliné, et, comme la discipline mentale nous fait défaut, nous sommes impuissants à les contrôler. En conséquence, ces émotions nous contrôlent. A leur tour, elles sont contrôlées plutôt par nos pulsions négatives que par les positives. Il faut renverser ce cycle afin que nos pensées et nos émotions soient délivrées de leur asservissement aux pulsions négatives et qu'ainsi, en tant qu'individus, nous soyons à même de contrôler notre esprit.

L'idée d'effectuer un changement si fondamental en nous peut à première vue paraître irréalisable, pourtant, nous pouvons y parvenir grâce à la discipline de la méditation. Choisissons un objet particulier à méditer, et ensuite, entraînons notre esprit en développant notre capacité à rester concentré sur cet objet. Ordinairement, si nous prenons le temps de réfléchir, nous constaterons que notre esprit n'est absolument pas concentré. Nous sommes en train de penser à un sujet précis, et tout à coup, nous sommes distraits par une idée qui nous traverse l'esprit. Nos pensées sont perpétuellement à la poursuite de ceci ou cela parce que nous n'avons pas la discipline de nous concentrer. Par la méditation, nous pouvons acquérir la capacité de centrer notre esprit et de concentrer à volonté notre attention sur n'importe quel objet.

Evidemment, vous pourriez choisir de vous concentrer sur un objet négatif au cours de votre méditation. Si, par exemple, vous êtes amoureux d'une personne et que vous concentrez votre esprit uniquement sur cette personne et ses attributs désirables, cela aura pour effet d'accroître votre désir sexuel pour cette personne. Mais ce n'est pas le but de la méditation. D'un point de vue bouddhiste, la méditation doit être pratiquée en relation avec un objet positif, c'est-à-dire un objet qui aidera votre capacité de concentration. Grâce à cette habitude, vous vous approcherez de plus en plus de l'objet et vous éprouverez un sentiment d'intimité avec lui. Dans la littérature classique bouddhiste, cette sorte de méditation se nomme *shamatha*, ou tranquillité constante, méditation centrée sur un objet unique.

Le *shamatha* seul ne suffit pas. Le bouddhisme associe la méditation centrée à la pratique de la méditation analytique nommée *vipasyana*, ou aperçu pénétrant. Dans cette pratique, nous utilisons le raisonnement. En identifiant la force et la faiblesse des divers types d'émotions et de pensées avec leurs avantages et leurs inconvénients, nous sommes capables d'accroître un état d'esprit positif qui contribue à un sentiment de sérénité, de calme et de contentement, et diminue ainsi les comportements et les émotions qui conduisent à la souffrance et à la frustration. La raison joue un rôle important dans ce processus.

J'aimerais faire observer que les deux sortes de méditation que je viens d'évoquer ne sont pas distinctes parce qu'elles se fondent chacune sur un objet différent. La différence entre elles réside dans la manière dont chacune est pratiquée, non dans l'objet choisi.

Afin de clarifier ce point, j'emploierai l'exemple de la méditation sur l'impermanence. Si la personne qui médite demeure uniquement centrée sur la pensée que tout change d'un instant à l'autre, il s'agit d'une méditation centrée, tandis que si une autre personne médite sur l'impermanence en appliquant constamment à tout ce qu'elle rencontre des raisonnements divers concernant la nature impermanente des choses, renforçant sa conviction de l'impermanence de l'univers par ce processus analytique, elle pratique alors une méditation analytique sur l'impermanence. Toutes deux partagent un objet commun, l'impermanence, mais la manière dont chaque méditation est pratiquée diffère.

Je crois que les deux sortes de méditation sont pratiquées dans la plupart des grandes religions traditionnelles. Dans l'Inde ancienne, par exemple, les deux méditations sont appliquées dans les principales traditions, bouddhiste autant que non bouddhistes. Au cours d'une conversation que j'ai eue il y a quelques années avec un ami chrétien, il m'a assuré que le christianisme — la tradition grecque orthodoxe en particulier — a une longue histoire de méditation contemplative. De même, des rabbins m'ont parlé de certaines pratiques mystiques du judaïsme qui appliquent une forme de méditation centrée sur un objet unique.

Il est donc possible d'intégrer les deux sortes de méditation dans une religion monothéiste. Un chrétien, par exemple, peut se plonger dans la contemplation en réfléchissant aux mystères du monde ou au pouvoir de la grâce de Dieu, ou à quelque autre objet qui l'inspire et, par cela même, il accroît sa foi envers le Créateur. Par un tel procédé, le pratiquant aboutit à une méditation centrée sur Dieu grâce à un raisonnement analytique. Ainsi les deux aspects de la méditation sont-ils présents.

LES OBSTACLES À LA MÉDITATION

Les textes bouddhiques mentionnent quatre obstacles principaux qu'il faut surmonter pour que la méditation réussisse. Le premier est la dispersion mentale ou distraction, qui apparaît au niveau inférieur du mental et qui se réfère à la tendance qu'ont nos pensées à se disperser. Le deuxième obstacle est l'engourdissement et la lassitude, une tendance à s'endormir. Le troisième, un relâchement mental qui fait que notre esprit est incapable de précision et de clarté. Enfin, à un niveau plus subtil, il existe une excitation mentale, une agitation issue de la nature fluctuante et changeante de notre esprit.

Lorsque notre esprit est trop en alerte, il devient excité et facilement agité. Nos pensées poursuivent alors différentes idées ou divers objets qui nous exaltent ou nous dépriment. Trop d'énervement procure des variations de l'humeur et de notre état émotionnel. En revanche, quand le relâchement nous envahit, il apporte un certain répit très agréable car il est reposant. En dépit de cela, cette détente est un obstacle à la méditation. J'ai observé que, lorsque les oiseaux et les autres animaux sont bien nourris, ils sont complètement détendus et satisfaits. Lorsque nous entendons un chat repu ronronner de plaisir, on peut dire qu'il se trouve dans un état de relâchement mental.

La lourdeur mentale se produit à un niveau inférieur de l'esprit, tandis que le relâchement mental, qui est d'une certaine façon une conséquence de cette lourdeur, est éprouvé à un niveau plus subtil. On dit qu'il est difficile pour un méditant de distinguer entre la méditation authentique et le relâchement mental parce que, dans le relâchement mental, il existe encore un certain degré de clarté. Nous n'avons pas perdu le centre de notre attention dans la méditation, mais l'esprit n'est pas alerte. Donc, bien que nous percevions l'objet avec une certaine clarté, cet état d'esprit manque de vitalité. Il est important pour un méditant sérieux d'être capable de distinguer entre ce relâchement subtil et la méditation authentique. Cela est d'autant plus critique qu'il existe plusieurs niveaux de relâchement mental.

Le quatrième obstacle est un état d'esprit dispersé, confus, qui correspond au problème général que nous rencontrons dès que nous nous concentrons sur un objet particulier. Nous constatons que notre esprit perd rapidement son attention et se laisse distraire et occuper par des idées ou des souvenirs agréables autant que désagréables. Les idées agréables sont celles qui nous détournent le plus de notre méditation. Souvenirs d'une expérience passée, d'un événement qui nous a fait plaisir ou de pensées concernant une expérience que nous désirons éprouver. Souvenirs et pensées de ce genre sont des facteurs majeurs qui empêchent une méditation réussie.

Parmi ces quatre obstacles, les deux principaux sont la distraction et le relâchement mental.

Comment gérons-nous ces obstacles ? La somnolence, en particulier, paraît liée à notre condition physique. Nous l'éprouvons par exemple lorsque nous n'avons pas assez dormi. Mal manger, que ce soit qualitativement ou quantitativement, peut provoquer un engourdissement de l'esprit. C'est pour cette raison que l'on recommande aux moines bouddhistes de ne plus se nourrir après le déjeuner. En suivant cette règle, les moines et les nonnes arrivent à maintenir une certaine clarté d'esprit qui favorise la méditation, ils auront ainsi l'esprit alerte en se réveillant le lendemain matin. Un bon régime alimentaire constitue un antidote efficace contre l'engourdissement mental.

Si nous envisageons le problème du relâchement mental, il apparaît que celui-ci survient durant la méditation quand nous ne sommes pas assez en éveil et que nous manquons d'énergie. Lorsque c'est le cas, il nous faut trouver le moyen de nous remonter le moral. L'une des meilleures manières d'y parvenir est de cultiver en nous un sentiment de joie, en réfléchissant sur ce que nous avons accompli de méritoire, sur les aspects positifs de la vie, et ainsi de suite... Tel est l'antidote le plus efficace contre le relâchement mental.

En général, le relâchement mental est un état neutre de l'esprit, dans ce sens qu'il n'est ni vertueux ni non vertueux (c'est-à-dire qu'il ne produit pas de pensées ou d'actions bonnes ou mauvaises). Au début de la méditation, l'esprit peut se trouver dans un état vertueux. Par exemple, un méditant se concentre sur la nature impermanente de la vie, et à un certain moment, il perd l'acuité de sa concentration et se laisse aller au relâchement mental. Pourtant, au début de sa pratique, son état était vertueux.

L'agitation survient lorsque notre état d'esprit est trop exalté et que nous sommes surexcités. L'antidote serait de ramener cette surexcitation à un niveau plus normal. L'un des moyens est de réfléchir sur des pensées et des idées qui exercent un effet calmant, comme de songer à la mort et à la nature impermanente de la vie, ou aux aspects désagréables de l'existence humaine.

Ces méthodes peuvent être appliquées dans le contexte de la plupart des traditions religieuses. Par exemple, dans le cas d'une religion monothéiste, si nous jugeons notre méditation trop engourdie ou trop relâchée, nous pouvons élever notre état d'esprit en contemplant la grâce de Dieu ou la compassion de l'Etre divin. De même, si notre méditation est trop exaltée, en réfléchissant à quel point nous sommes peu enclins à vivre selon les préceptes divins comme à nous souvenir du péché originel, cela nous apportera immédiatement un sentiment d'humilité qui tempérera notre exaltation. Les pratiques de méditation peuvent s'adapter et s'incorporer aux différentes religions.

En résumé, nous avons vu qu'afin de lutter contre les quatre obstacles à la méditation — particulièrement la distraction et le relâchement mental — il nous faut appliquer deux importantes facultés mentales : la conscience et l'introspection. Par l'introspection, nous développons une vigilance qui nous permet de voir si, à un moment donné, notre esprit se trouve sous l'influence de l'excitation ou de la distraction et s'il tombe dans l'engourdissement. Alors la conscience nous permet de concentrer à nouveau notre attention sur l'objet de la méditation et d'y demeurer centré. Ainsi, la pratique de la prise de conscience est l'essence de la méditation.

Quelle que soit la forme de méditation que vous pratiquez, le point le plus important est de garder la conscience en éveil de manière continue et de soutenir l'attention. Il ne serait pas réaliste d'attendre des résultats immédiats de la méditation. Un effort continu et régulier est nécessaire.

Que l'on emploie le terme ou non, la méditation analytique est appliquée dans la vie quotidienne dans la plupart des professions. Prenez l'exemple d'un homme d'affaires. Pour réussir, il doit posséder des facultés critiques aiguisées, examiner le pour et le contre de chaque négociation, etc. Ainsi, qu'il en ait conscience ou non, il applique le même savoir-faire analytique que nous utilisons dans la méditation.

En général, entre les deux sortes de méditation, je dirais que la méditation analytique semble être la plus efficace pour produire la transformation du cœur et de l'esprit.

LA NATURE ET LE CONTINUUM DE LA CONSCIENCE

A la première ligne du texte tibétain des *Huit Versets sur la transformation de l'esprit* [1], le premier mot est « je » (*dag*). Il est très important de nous demander ce que signifie exactement ce mot. Afin d'y parvenir, il nous faut situer l'enseignement du Bouddha dans le contexte des diverses traditions spirituelles de l'Inde. L'un des points qui distinguent l'enseignement bouddhique des autres traditions indiennes consiste en ce qu'il rejette tout concept d'une âme ou d'un moi éternel, l'*atman*, défini comme indépendant de notre réalité physique et mentale, unique, inchangeable et permanent.

L'argumentation bouddhiste affirme que ce que nous nommons le moi peut seulement être compris comme une fonction de nos constituants psycho-physiques [2]. Ce sont les « agrégats » qui, ensemble, forment notre existence. Lorsque nous examinons la nature de ces agrégats esprit-corps, nous voyons qu'ils changent constamment, de sorte que le moi ne peut être impermanent ni éternel : ils sont transitoires, ainsi le moi ne peut être ni permanent ni éternel ; les agrégats sont divers et multiples, donc le moi ne peut être

1. Cf. l'appendice 1.
2. Il existe cinq *skandas* ou composants psycho-physiques dans la psychologie bouddhiste. Ils forment le corps, la sensation, les formations mentales et la conscience. Le premier concerne le corps, et les quatre autres, l'esprit.

unitaire. A partir de ces données, le bouddhisme rejette la notion d'une âme éternelle, permanente.

Toutes les écoles bouddhiques affirment que l'existence du moi ou de la personne doit être comprise comme une fonction des composés physiques et mentaux de l'individu, ce qui signifie que le moi ne doit pas seulement être considéré au niveau primaire du corps. En fait, les écoles bouddhiques définissent habituellement le moi en relation avec la continuité de la conscience.

Une autre question se pose par rapport au moi. Le moi a-t-il un commencement et une fin ?

Certaines écoles bouddhiques, comme celle du Vaibhashika, paraissent adopter le concept de la fin de la continuité du moi. Cependant, la plupart des traditions bouddhistes affirment que le moi n'a ni commencement ni fin, en se fondant sur l'idée qu'il est lié à la continuité de la conscience et que nous ne pouvons formuler le postulat d'un commencement à la conscience. Si nous affirmions le postulat d'un commencement de la conscience, il nous faudrait accepter l'idée d'un premier instant de la conscience sans cause connue et qui viendrait de nulle part. Cela contredirait l'un des principes fondamentaux du bouddhisme, la loi de la cause et de l'effet. Le bouddhisme admet la nature dépendante de la réalité selon laquelle tout survient du résultat de l'union de certaines causes et de certaines conditions : si la conscience survenait sans cause, cela contredirait ce principe fondamental. Les bouddhistes considèrent que chaque manifestation de la conscience doit être produite par des causes ou des conditions diverses. Parmi ces nombreuses causes et conditions, on distingue la principale et la plus substantielle, sous forme d'expérience, puisque la matière en elle-même est incapable de produire de la conscience. Celle-ci doit naître d'une forme antérieure de la conscience.

De même, lorsque nous essayons de retrouver l'origine du monde matériel, nous découvrons, du moins du point de vue bouddhiste, que l'univers est également dépourvu d'origine. A travers l'analyse, nous sommes capables de réduire un objet physique aux éléments qui le composent, puis à ses molécules, à ses atomes, etc., mais ces particules mêmes sont produites par des causes et des conditions qui leur sont propres.

Ainsi, lorsqu'il est dit que l'esprit n'a ni commencement ni fin, c'est parce que rien ne peut perturber l'existence fondamentale de nos facultés de connaître et d'expérimenter. Certains états de conscience tels que les expériences sensorielles dépendent de notre corps physique et disparaissent quand leur support physique n'existe plus, disons au moment de la mort. Lorsque nous affirmons que la continuité de la conscience n'a pas de commencement, nous ne devons pas réduire notre compréhension de la conscience au niveau fruste de l'existence. Les bouddhistes se réfèrent plutôt à un niveau plus subtil de la conscience, particulièrement à ce que nous nommons la « nature lumineuse de l'esprit », ce niveau que nous affirmons continu et infini. C'est à partir de ce raisonnement que les bouddhistes disent que le moi n'a ni commencement ni fin.

En général, lorsqu'on pense à la conscience, on a tendance à la considérer comme une sorte d'entité monolithique que l'on appelle « esprit ». Ce n'est pas le cas. Si nous explorons un peu plus profondément, nous verrons que ce que nous nommons la conscience englobe un monde varié et complexe de pensées, d'émotions, d'expériences sensorielles, etc.

Je voudrais illustrer ce point en examinant la manière dont nous percevons les choses. Pour que la perception existe, il faut que certaines conditions soient présentes. Dans le cas d'une perception visuelle, par exemple, un objet extérieur doit se trouver en contact avec l'organe physique, c'est-à-dire nos yeux, afin de créer un événement perceptible. Ensuite, une autre condition indispensable permet à l'organe sensoriel d'être interactif avec l'objet, de telle manière que celui-ci puisse être reconnu. Les bouddhistes argumentent que l'esprit possède une essence lumineuse sous-jacente qui résulte de l'expérience et de la conscience. Cette continuité permet la reconnaissance par le contact avec l'objet correspondant à l'organe sensoriel. C'est cette nature lumineuse sous-jacente de l'esprit qui transcende l'existence temporelle d'une vie individuelle, puisqu'elle maintient une continuité sans interruption. C'est ainsi que les bouddhistes entendent des expressions telles que la « nature de la conscience sans commencement » ou la « continuité de la conscience ».

Ainsi que je l'ai mentionné, les bouddhistes suggèrent que même le monde matériel n'a pas de commencement. Mais le Big Bang ? demanderez-vous. N'est-il pas le commencement de l'univers ? Un bouddhiste ne peut admettre que le Big Bang soit le véritable commencement du monde matériel — plutôt qu'apporter une réponse à nos questions, cela pose des problèmes supplémentaires. Par exemple, pourquoi le Big Bang a-t-il eu lieu ? Quelles sont les conditions qui ont favorisé l'explosion du Big Bang ? D'un point de vue bouddhiste, on ne peut affirmer que le monde physique a eu un véritable commencement.

Je dois souligner que, lorsque nous disons que l'univers n'a pas de commencement, nous faisons référence au niveau très subtil de l'atome. D'autre part, il est vrai qu'une galaxie ou une planète spécifiques ont un commencement, en ce sens qu'elles naissent à un moment donné dans le temps et qu'à un autre moment, elles cesseront d'exister. Lorsque nous disons que le monde matériel n'a pas de commencement, nous nous référons à l'univers dans sa globalité.

Cela nous ramène au principe fondamental de la cause et de l'effet. Afin d'apprécier ce principe, il faut le considérer à la fois sur le plan des événements individuels et dans une dimension plus large, macroscopique. Les enseignements bouddhiques soulignent l'importance de la loi de la cause et de l'effet non pas comme le résultat d'une loi divine, mais au contraire parce qu'elle offre une compréhension plus profonde de la nature de la réalité. Pourquoi les bouddhistes arrivent-ils à cette conclusion ? Parce que nous savons par expérience et par l'observation que les choses et les événements ne surviennent pas au hasard. Ils respectent un certain ordre. Il existe une certaine corrélation entre des événements particuliers, des causes et des conditions particulières. En outre, les événements ne surgissent pas sans cause. Lorsque nous écartons ces deux possibilités d'existence par hasard et d'absence de causes, nous sommes contraints d'accepter la troisième, selon laquelle un principe de causalité s'exerce à un niveau fondamental.

Pourquoi cette compréhension de la cause et de l'effet est-elle essentielle pour un pratiquant bouddhiste ? Parce que le bouddhisme attache une énorme importance à la transformation du cœur et de l'esprit, comme moyen de changer de l'intérieur notre comportement et notre entendement. Selon le bouddhisme, les méthodes de contemplation, de méditation et de transformation de l'esprit doivent être fondées sur un élément qui existe en réalité. Si nos pratiques de méditation ne sont pas en accord avec la réalité, il n'existe pas de fondement solide qui nous permettrait de faire progresser notre développement personnel. C'est en cultivant la compréhension du principe de réalité, en la développant avec soin, que nous pouvons commencer à appliquer pour nous-mêmes les méthodes de méditation, afin de nous amener à cette transformation intérieure.

Le bouddhisme suit certaines pratiques afin de combattre des problèmes spécifiques. Par exemple, il existe des méditations destinées à réduire l'intensité du désir sexuel et de la passion. Visualisons la Terre recouverte de squelettes, par exemple. De telles méditations sont délibérément pratiquées pour surmonter des problèmes particuliers. Le méditant ne croit en aucun cas que cette visualisation représente la réalité. Lui ou elle sont conscients que cette image spécifique est provoquée exprès afin de surmonter certaines émotions.

En général, le bouddhisme souligne l'importance d'une compréhension rationnelle en relation avec n'importe quel objet de recherche. Accroître notre compréhension du monde exerce un effet positif sur notre cœur et notre esprit. Mettre en valeur notre entendement et la connaissance des choses qui nous entourent aura un effet positif sur notre cœur et notre esprit. Ce n'est qu'ainsi que le changement s'opérera. La plupart des niveaux profonds de réalisation spirituelle sont donc les fruits de la connaissance, de l'intuition et de l'entendement. C'est pourquoi le développement de l'intuition est considéré comme un élément crucial de la voie spirituelle.

LES QUATRE SCEAUX DU BOUDDHISME

J'ai mentionné que l'être humain a le désir naturel et instinctif d'être heureux et de surmonter la souffrance. Le désir du bonheur est fondamental pour tous. On pourrait dire que la raison en est simplement : « C'est la vie ! » Cependant, bien que nous ayons tous cette aspiration légitime et que nous désirions tous le bonheur, nous éprouvons souvent des expériences douloureuses et nous sommes confrontés à la souffrance sous toutes ses formes. Pourquoi cela ? Pourquoi sommes-nous constamment en butte à la douleur et aux contrariétés malgré notre désir profond d'être heureux ?

Du point de vue bouddhiste, c'est parce que nous percevons d'une façon erronée notre relation à nous-mêmes et au monde. A la base de cette erreur se trouvent ce que les bouddhistes identifient comme quatre fausses perceptions. La première consiste à considérer les choses et les événements qui sont impermanents et transitoires comme éternels, permanents et fixes. La deuxième considère les faits et les événements qui forment une source d'insatisfaction et de souffrances comme source de plaisir et de bonheur véritable. Le troisième jugement erroné est que nous estimons souvent comme pures et désirables des choses en réalité impures. Enfin, la quatrième perception erronée correspond à notre tendance à projeter une notion d'existence réelle sur des événements et des objets auxquels manque une telle autonomie.

Des perceptions fondamentales erronées de la réalité conduisent à de faux rapports avec le monde et avec nous-mêmes, qui à leur tour produisent confusion, misère et souffrance. Sur la base de cette dynamique, le bouddhisme formule un principe connu sous le nom des Quatre Sceaux, axiomes communs à toutes les écoles bouddhiques. Les Quatre Sceaux se formulent ainsi :

1. Tous les phénomènes composés sont impermanents.
2. Tous les phénomènes contaminés sont insatisfaisants.
3. Tout phénomène n'existe pas en soi.
4. Le nirvana est la vraie paix.

1. Tous les phénomènes composés sont impermanents

L'une des intuitions fondamentales du bouddhisme est la compréhension que toutes les choses sont impermanentes ; tel est le premier des Quatre Sceaux. Le point important à considérer ici est que toutes les choses qui naissent de causes et de conditions sont impermanentes et dans un processus de flux continuel.

Sur le plan de l'impermanence, nous sommes tous conscients que certaines choses ont une fin, que d'autres subissent un processus de changement, etc. Mais le bouddhisme va plus loin en estimant que, sous les changements perceptibles que nous pouvons observer, il existe un niveau plus subtil du changement, un processus qui n'est pas évident. Si nous retraçons les changements perceptibles qui se sont déroulés sur une longue période, nous devrions être capables de reconstituer le processus jusque dans la plus petite unité de temps concevable. Logiquement, même dans la limite d'un point minuscule dans le temps, il existe un processus constant et dynamique. Tout subit ce processus subtil du changement d'un instant à l'autre. C'est pourquoi nous pouvons prétendre que ce qui naît du résultat de causes et de conditions est, par nature, impermanent. En d'autres termes, ce qui est conditionné est transitoire.

Lorsque l'on a compris ce point fondamental, on peut entrevoir que le bonheur auquel nous aspirons et la souffrance que nous essayons instinctivement d'éviter forment eux-mêmes des expériences qui résultent de causes et de conditions particulières. Ce qui suggère que même si, par exemple, vous subissez en ce moment une expérience pénible ou une souffrance intense, le fait que votre expérience soit conditionnée signifie qu'elle sera momentanée. Ainsi, nous sommes amenés à prendre conscience que le bonheur et la souffrance sont l'un et l'autre destinés au changement et sont impermanents. Sur le plan de leur nature transitoire, il existe une parité entre bonheur et douleur.

2. Tous les phénomènes contaminés sont insatisfaisants

Le deuxième sceau souligne la différence entre bonheur et souffrance, et affirme que les phénomènes contaminés sont fondamentalement insatisfaisants. Cela implique que les choses qui ne naissent pas de ces causes contaminées peuvent nous satisfaire pleinement. Lorsque, dans ce contexte, nous parlons de phénomènes contaminés, nous nous référons à des événements et à des expériences provoqués par le pouvoir de pulsions ou de pensées et d'émotions négatives ; nous disons qu'elles sont « contaminées » parce qu'elles sont imprégnées d'éléments pollueurs de l'esprit. C'est la raison pour laquelle ces phénomènes sont fondamentalement insatisfaisants et c'est pourquoi nous nommons leur nature *duhkha*, ou souffrance.

Ce deuxième axiome ne se réfère pas simplement aux sensations physiques que nous pouvons nommer douleur et souffrance. Bien sûr, le désir d'être délivré de la souffrance est commun à chacun d'entre nous, mais il existe diverses façons de comprendre la souffrance qui dépendent de notre degré de conscience. Quand les bouddhistes parlent de surmonter la souffrance, spécialement dans le contexte du deuxième sceau, ils font référence à un niveau très subtil de souffrance. Ceux qui sont familiers avec la manière dont les bouddhistes classifient les différents types de souffrance sauront qu'ils ont identifié trois niveaux :

la souffrance des malheureux, la souffrance du changement et la souffrance du conditionnement envahissant. C'est ce troisième niveau que nous examinons avec le deuxième sceau.

L'une des implications de ce deuxième axiome est que si nous sommes libérés des polluants mentaux, nous pourrons obtenir le véritable et durable bonheur que nous désirons. La question est de savoir pourquoi leur nature est telle qu'ils produisent l'expérience de la souffrance. Est-il possible de les surmonter, ces pensées et ces émotions négatives ?

Les polluants mentaux, ou pensées et émotions douloureuses, se réfèrent à toute une catégorie de pensées et d'émotions qui sont douloureuses de nature. L'étymologie du mot tibétain *nyon-mong* suggère quelque chose qui nous afflige de l'intérieur, « affliger » signifiant une cause de souffrance et de douleur. L'élément crucial ici est qu'à la source de toutes nos souffrances, au niveau le plus subtil, se trouvent les afflictions mentales — des pulsions négatives, des pensées et des émotions négatives, etc. Cela suggère que la source de la souffrance réside en nous, et que la source du bonheur existe aussi en nous. La compréhension essentielle que nous tirons de cette constatation est que le degré auquel nous sommes capables de discipliner notre mental est ce qui détermine notre bonheur ou notre souffrance. Un état mental discipliné, un état mental spirituellement transformé conduit au bonheur, tandis qu'un état mental sous l'influence des afflictions conduit à la souffrance.

Nous pouvons à présent associer nos réflexions sur ces deux premiers sceaux. A partir du premier — tous les phénomènes composés sont impermanents —, nous avons compris que ce qui naît à la suite des causes et des conditions dépend non seulement d'autres facteurs pour se manifester, mais existe aussi selon un processus de changement continu, sans mener une existence autonome. D'autre part, le processus du changement n'a pas besoin d'un troisième facteur pour le mettre en mouvement ; en effet, les causes et les conditions qui donnent naissance à un état sont les mêmes causes et conditions qui sèment la graine de sa fin. Pour résumer, ce qui est conditionné manque d'un pouvoir autonome ; c'est pourquoi on le nomme « investi du pouvoir de l'autre ». Il est déterminé par des forces extérieures à lui-même. Si nous associons cette compréhension avec le second sceau, nous avons conscience que tout ce qui produit le résultat des causes contaminées et de leurs conditions — les polluants mentaux — est fondamentalement insatisfaisant, marqué par ces polluants.

En réfléchissant ainsi, nous sommes amenés à reconnaître le fait que nous nous laissons gouverner et contrôler par nos pensées et nos émotions, et que, en outre, nous laissons nos pensées et nos émotions être déterminées par nos pulsions négatives et autres dysfonctionnements du mental. Si cette situation perdure, elle ne peut que conduire au malheur et à la souffrance. De cette manière, nous percevons nos émotions douloureuses et nos pensées comme des forces destructrices.

Ce qui cause malheur et désastres doit être considéré comme l'ennemi, ce qui signifie que l'ennemi ultime est en réalité à l'intérieur de nous. Cela rend les choses si compliquées ! Si l'ennemi est là, dehors, nous avons le loisir de nous enfuir ou de nous cacher. Nous pouvons même essayer parfois de le tromper. Mais si l'ennemi se trouve en nous, il est difficile de savoir comment agir. La question cruciale pour un pratiquant spirituel est de savoir s'il est possible de vaincre cet ennemi intérieur. C'est notre défi principal.

Si c'est le cas, comme l'ont suggéré quelques philosophes du passé, si les polluants font partie de la nature même de la conscience et en sont inséparables, alors, aussi longtemps que la conscience existera, ces polluants s'y intégreront en tant que caractéristique essentielle de notre esprit. Il n'y a donc pas moyen de les surmonter. Si cela était vrai, personnellement, je préférerais être un hédoniste. Je ne m'efforcerais pas de suivre une voie spirituelle mais je me consolerais dans l'alcool ou peut-être avec d'autres substances, et j'oublierais ce programme spirituel. De même, je ne me fatiguerais pas à explorer ces questions philosophiques. C'est peut-être la meilleure manière d'être heureux. Si nous comparons les êtres humains avec les animaux, parfois, nous, les humains, sommes tellement impliqués dans notre imagination et nos pensées que nous créons nos propres complications, tandis que les animaux, qui ne se livrent pas à ces activités intellectuelles, paraissent heureux, calmes et détendus. Ils mangent et, lorsqu'ils sont repus, ils s'endorment et se détendent. De ce point de vue, ils paraissent plus heureux que nous. Cette constatation nous amène au troisième sceau.

3. Tous les phénomènes sont dépourvus d'existence propre

Le troisième principe, selon lequel les phénomènes sont vides et exempts d'existence propre, ne doit pas être examiné d'un point de vue nihiliste. Il ne faut pas croire que les enseignements bouddhiques affirment, en dernière analyse, que rien n'existe. C'est impossible car nous parlons de la souffrance, du bonheur, et des meilleurs moyens pour combler notre désir de bonheur. Nous ne suggérons pas que rien n'existe. Le troisième sceau indique plutôt qu'il existe une différence fondamentale entre notre perception du monde, nous-mêmes, et la réalité des choses. Celles-ci n'existent pas de la manière dont nous le pensons généralement, en tant que réalité extérieure, indépendante et objective.

Avant de déterminer si des émotions négatives telles la colère, la haine, etc., font partie de la nature essentielle de notre esprit, il faut pratiquer un examen. La colère surgit-elle à chaque instant de notre conscience ? La haine se manifeste-t-elle à tous moments ? Nous constatons que ce n'est pas le cas. Parfois la colère et la haine explosent, puis disparaissent aussi soudainement qu'elles sont apparues. La colère et la haine surviennent, mais il arrive que leurs contraires, l'amour et la compassion, s'y substituent. Le bouddhisme en déduit que la conscience fondamentale est obscurcie par les pensées et les émotions qui s'imposent à un moment donné. Nous constatons aussi que deux émotions conflictuelles, telles que l'amour et la haine, ne peuvent cohabiter au même instant dans la même personne. Nos émotions négatives ne demeurent pas en nous en permanence, inséparables de notre mental fondamental. C'est la raison pour laquelle nous affirmons que les pensées et les émotions surviennent et obscurcissent l'esprit fondamental. En conséquence, nous considérons que celui-ci est neutre ; il peut être influencé par des pensées et des émotions positives, ou par des pensées et émotions négatives. Ainsi, il y a de l'espoir !

A partir de ce raisonnement, la grande question est de savoir si les émotions douloureuses peuvent être éliminées ou pas.

Nous avons dit que le changement et la transformation sont possibles grâce à l'impermanence, ce qui signifie que l'on peut surmonter les émotions et les pensées négatives. Est-il possible d'éliminer complètement ces polluants de l'esprit ? Toutes les écoles bouddhiques l'affirment. La plupart des enseignements offrent des discussions approfondies sur la nature de ces afflictions, leur potentiel destructeur, leurs causes et leurs conditions, etc. L'essence de ces débats doit se ramener à la tentative d'éliminer définitivement les pulsions négatives.

Nous pouvons évidemment parler du dharma dans le contexte de l'éthique, il ne faut pas tuer, ni mentir, etc., et s'engager sur le chemin de la vertu. Il ne s'agit là que du dharma au sens le plus large du terme. Les principes éthiques ne sont pas réservés à l'enseignement bouddhique. La pratique spirituelle particulière au bouddhisme réside dans la possibilité de la disparition complète des pulsions négatives. C'est ce qu'on nomme le nirvana — le soulagement complet et la disparition des afflictions du mental. Nous pourrions affirmer que le nirvana est l'essence du dharma du Bouddha.

Pour un bouddhiste, les aspects de la pratique du dharma doivent être compris à la lumière de ce but spirituel ultime qui consiste à se libérer des polluants du mental. Cela s'applique à l'éthique, dont l'exercice forme autant d'étapes vers le but de la libération. Etant donné que le but ultime d'un bouddhiste est d'éradiquer les émotions et les pensées négatives qui génèrent des actes négatifs, l'effort fourni par un pratiquant afin de mener une vie soumise à l'éthique est à la mesure de son engagement à contrôler ses pensées et ses émotions négatives. La première étape de cet effort consiste à brider ces afflictions par un certain comportement physique et verbal.

Lorsque nous analysons la nature de nos pensées et de nos émotions douloureuses, nous constatons qu'il existe à l'origine de ces expériences des projections mentales sous-jacentes, des représentations qui surgissent, indépendamment de toute base objective. Par exemple, dans un objet désirable nous percevons des qualités qu'il nous arrive d'exagérer grâce au pouvoir de notre imagination. Nous tendons alors à nous y complaire, ce qui a pour conséquence de développer un attachement de plus en plus fort. De même, lorsque nous sommes confrontés à des objets indésirables, nous tendons à y projeter des caractéristiques et des propriétés qui s'étendent au-delà de la réalité objective, ce qui a pour résultat de provoquer du dégoût et de nous inciter à nous en éloigner. Telles sont les pulsions fondamentales mises en œuvre lorsque nous agissons en fonction de l'extérieur. Nous sommes attirés ou nous éprouvons de la répulsion. Ces pulsions gouvernent nos réactions par rapport aux événements et aux objets. Une dynamique se met en marche à travers le désir ou la répulsion, ce qui cause nos souffrances.

Parmi les écoles bouddhiques, il existe des interprétations différentes sur la nature de ces afflictions et de leurs causes, qui dépendent de leurs conceptions de la nature du réel. Il semble que les écoles bouddhiques les plus avancées sur le plan philosophique aient une compréhension plus profonde de nos afflictions. Par exemple, le grand maître indien Nagarjuna affirme que le nirvana doit être compris comme une délivrance des afflictions mentales et des actions karmiques qu'elles provoquent. La souffrance est causée par nos actions karmiques qui, à leur tour, sont motivées par les forces sous-jacentes des pensées et des émotions négatives. Celles-ci, à leur tour, sont le produit de nos projections et de notre imagination, elles-mêmes enracinées dans une perception erronée de la réalité. Cette fausse perception de la réalité relève de l'illusion que les choses et les événements bénéficient d'une existence objective, réelle et indépendante.

Selon Nagarjuna, la compréhension immédiate de la vacuité est ce qui permet d'éliminer cette ignorance fondamentale ou fausse perception du monde, ce qui rejoint le troisième principe : les phénomènes sont vides et dépourvus d'existence inhérente. Selon cet axiome, si notre perception nous incite à croire que les choses sont permanentes et réelles, et qu'elles mènent une existence indépendante, grâce à l'analyse, nous découvrons qu'en réalité ces qualités leur manquent. Nous découvrons que toute perception selon laquelle les choses existent d'une manière inhérente et indépendante est une perception fausse. Seule la compréhension immédiate de la vacuité peut pénétrer cette perception erronée et la chasser. La plupart des pensées et émotions négatives qui s'enracinent dans notre vision erronée de la réalité seront donc éliminées. Il en est de même lorsque nous discernons nos perceptions sous leur vrai jour et reconnaissons qu'elles sont fausses.

Nous pouvons maintenant résumer ces points de la manière suivante. Grâce à la réflexion personnelle, nous constatons que l'esprit fondamental, ou la nature de la conscience, est neutre — ni négatif ni positif. La plupart de nos pensées et de nos émotions négatives sont enracinées dans notre manière erronée de comprendre la réalité du monde et de nous-mêmes. La compréhension immédiate de la vacuité contrebalance cette fausse perception. Les émotions négatives d'une part et la compréhension immédiate d'autre part s'opposent directement : cette dernière est fondée et validée par l'expérience et le raisonnement, tandis que les émotions n'ont aucun fondement valide qui repose sur l'expérience et le raisonnement. En cultivant la compréhension immédiate de la vacuité, il est possible d'éliminer nos afflictions mentales.

4. Le nirvana est la paix véritable

Le quatrième sceau souligne que la nature de l'esprit est pure et lumineuse. Les perceptions fausses, les pensées et les émotions négatives ne résident pas dans la nature essentielle de l'esprit. Puisque les afflictions sont enracinées dans une perception fausse, il existe un antidote capable de les éliminer : la compréhension immédiate de la vacuité de toutes choses, ou perception vraie de la réalité. C'est pourquoi la vacuité, qui est l'absence de l'existence inhérente, est quelquefois citée comme le « nirvana naturel ». Parce que la nature des phénomènes est vide, le nirvana véritable, la vraie libération de la souffrance sont possibles.

C'est la raison pour laquelle les écritures bouddhiques présentent quatre sortes de nirvana : le nirvana naturel qui se réfère à la vacuité ; un nirvana « avec résidus », qui se réfère généralement à l'existence physique continue de l'individu ; le nirvana sans résidus ; et enfin, le nirvana impermanent. Sur la base du nirvana naturel, les autres niveaux du nirvana sont possibles.

La signification précise du nirvana « avec résidus » et « sans résidus » est expliquée différemment par les écoles bouddhiques. Les unes comparent les résidus aux agrégats physiques de l'individu, tandis que d'autres se réfèrent aux résidus des perceptions dualistes. Le résidu des agrégats physiques se réfère aux constituants physiques que l'être humain a acquis au cours de ses karmas précédents. Je ne désire pas engager ici une discussion détaillée sur ce sujet.

Ainsi, il apparaît selon le troisième sceau que la nature fondamentale de la réalité est dépourvue d'existence inhérente. Les phénomènes qui résultent d'autres facteurs n'ont pas d'existence inhérente indépendante, bien que nous les considérions à tort comme autonomes. Cette conception erronée se trouve à la racine de notre confusion mentale et produit des pensées et des émotions douloureuses. La compréhension immédiate de la nature de la réalité révèle que les choses sont dépourvues d'existence inhérente et agit comme un antidote à la perception erronée, et, par conséquent, aux afflictions mentales. Le sens du nirvana réside dans l'élimination totale des pensées et émotions négatives ainsi que de leurs fausses perceptions sous-jacentes.

Le terme tibétain pour nirvana est *nyang-de*, dont la traduction littérale est « au-delà de la douleur ». Dans ce contexte, la douleur se rapporte aux afflictions mentales ; c'est-à-dire que le nirvana se réfère à un état d'esprit libéré des pensées et des émotions douloureuses. Le nirvana représente la délivrance de la souffrance et des causes de la souffrance. Lorsque nous concevons le nirvana en ces termes, nous commençons à percevoir en quoi consiste le bonheur véritable. Nous pouvons alors envisager la possibilité d'être totalement libéré de la souffrance.

Nous pouvons conclure en répétant que la compréhension immédiate de la vacuité est ce qui permet de chasser et d'éliminer pensées et émotions négatives, de même que les perceptions fausses qui les accompagnent. C'est dans la vacuité que ces polluants sont nettoyés et purifiés. La compréhension bouddhiste du nirvana doit être fondée sur la compréhension de la vacuité.

VALIDER LA VOIE

Lorsque vous considérez le raisonnement que j'ai exposé plus haut, cela semble logique et même évident. Mais quelle confirmation avons-nous que ces arguments soient valides et que leur logique ait un sens ? Existe-t-il une preuve que nous puissions observer ou vérifier ?

A ce sujet, je voudrais me référer à une explication que personnellement je trouve utile, et qui est enseignée dans l'école Sakya [1], selon la tradition *Lam dre* de la voie et de sa réalisation. D'après cet enseignement, il existe quatre facteurs valides de la connaissance : les écritures, les traités ou commentaires, le maître et l'expérience.

Les écritures valides ont été de toute évidence enseignées en premier, leurs commentaires élaborés par la suite. Partant de l'étude des textes, des maîtres ont surgi, qui sont devenus experts de ces commentaires. Ce qui les a conduits à faire des expériences valides. Cependant, du point de vue du développement de notre conviction personnelle, je suggère que cet ordre soit inversé — en d'autres termes, il faut commencer à partir d'une expérience individuelle. Si nous prenons le cas d'une réflexion sur les Quatre Sceaux, par exemple, ou sur la nature vide des phénomènes, ou sur les bénéfices de l'altruisme, à moins d'avoir une expérience personnelle de ces sujets, ou un aperçu de leur vérité, il est peu probable que nous soyons suffisamment inspirés pour persévérer dans notre pratique.

Il existe de multiples niveaux et des degrés divers

1. L'école Sakya est l'une des quatre principales écoles du bouddhisme tibétain.

d'expérience spirituelle. Il y a des niveaux profonds de réalisation, que je ne possède pas nécessairement, mais il existe aussi le niveau du débutant que nous avons tous. Dans mon cas, lorsque je contemple les vertus de la compassion et de l'altruisme, je me sens profondément ému. Mais comment pouvons-nous être certains que ces expériences sont valides ? On peut examiner les effets qu'elles produisent sur nous. En réfléchissant sur certaines qualités spirituelles et en les cultivant, nous commençons à nous sentir profondément inspirés et cela suscite un sentiment de force intérieure. Cette expérience nous rend plus courageux, plus extravertis et moins enclins au souci et à l'anxiété. Ce qui confirme la validité de notre expérience.

Comme je l'ai déjà dit, réfléchir sur des qualités spirituelles me touche profondément, augmente mon admiration pour les maîtres qui personnifient ces valeurs. Je commence à discerner la vérité dans les biographies des grands maîtres comme dans les récits de leurs réalisations spirituelles. Ces récits anecdotiques et ces biographies portent souvent la marque de l'exagération, surtout dans le cas de la présentation enthousiaste des qualités d'un gourou par ses disciples. Néanmoins, nous ne pouvons rejeter une certaine littérature sous prétexte qu'elle ne serait pas totalement crédible. Des récits de maîtres se rapportent à des expériences vraies.

Ce n'est pas le seul exemple d'exagération dans la littérature bouddhiste. A la lecture d'un commentaire sophistiqué écrit par un savant érudit sur le texte court d'un de ses maîtres, le commentaire est si détaillé que je me demande si l'auteur du texte original avait à l'esprit ces ratiocinations !

Lorsque l'on peut s'identifier aux expériences citées dans les biographies des maîtres en fonction de notre expérience personnelle, on développe une profonde admiration pour ces grands maîtres. En partant d'une expérience valide, vous reconnaissez la validité des maîtres, et à partir du moment où vous les respectez, vous cultivez votre adhésion à leurs écrits, ce qui permet de croire à la véracité de la source fondamentale des enseignements, les écritures bouddhiques. Personnellement, je trouve cette approche de l'enseignement très bénéfique : vous partez de votre expérience personnelle qui constitue la pierre angulaire de votre pratique spirituelle.

Pour un pratiquant bouddhiste, surtout pour un adepte du Mahayana, il est vital d'éprouver pour le Bouddha une grande admiration qui doit être fondée sur une profonde compréhension de l'essence de son enseignement, le dharma. La compréhension du dharma s'appuie elle-même sur la compréhension de l'altruisme ou de la vacuité. Percevoir simplement le Bouddha comme un personnage historique, un grand maître doué de qualités admirables, extraordinaires, et d'une immense compassion, n'est pas la perspective d'un pratiquant sérieux. Cette appréciation devrait être fondée sur la connaissance de son enseignement essentiel et le plus profond, c'est-à-dire la vacuité. Ce pratiquant doit prendre conscience que la bouddhéité, ou l'illumination totale, est l'incarnation des quatre *kayas* [1] ou « corps-du-Bouddha ». Ce principe doit être compris en relation avec un autre point fondamental qui se situe au niveau le plus profond, l'esprit et le corps ne sont pas divisibles. En conséquence, l'état d'éveil total doit être compris comme la non-dualité totale de la sagesse et de la compassion.

En résumé, les Quatre Sceaux ou principes des enseignements bouddhiques nous apprennent que la souffrance que nous ne voulons pas subir résulte des pensées et des émotions douloureuses, qui elles-mêmes proviennent de conceptions erronées. Les quatre principales conceptions erronées sont de croire à la permanence des éléments extérieurs qui apporteraient le bonheur. Désirables, ils auraient une existence indépendante. Ces fausses opinions peuvent être éliminées si l'on développe la compréhension immédiate de la vraie nature de la réalité. En cultivant cette compréhension et en l'approfondissant, les perceptions fausses sont graduellement éradiquées en même temps que les pensées et les émotions qui les accompagnent. Ce processus exige de la discipline. La transformation s'opérera grâce à ce processus.

Au sujet de la méthode de transformation du cœur et de l'esprit, la tradition bouddhique explique qu'il

1. Le mot sanscrit *kaya* signifie « le corps », dans le sens de corps ou incarnation de nombreuses qualités. Les quatre *kayas* sont : Svabhavikaya, le corps-du-Bouddha de la nature éveillée ; Jnanakaya, le corps-du-Bouddha de la parfaite sagesse ; Samlhogakaya, le corps-du-Bouddha de la ressource parfaite ; et Nirmanakaya, le corps-du-Bouddha de l'émanation parfaite.

existe deux dimensions principales vers la voie connues sous le nom de l'« aspect de la méthode » et l'« aspect de la sagesse ». On peut affirmer que l'aspect de la méthode qui comprend les différents moyens employés sur la voie est une phase préparatoire. Cela permet au pratiquant d'appliquer par la suite la sagesse ou la compréhension immédiate qui éliminent les afflictions négatives.

Questions

Question : Dans une vie moderne, urbaine, suroccupée, il est tentant de se retirer pour méditer dans un lieu paisible, en abandonnant le monde. Est-il plus important de garder sa vie quotidienne habituelle ou de céder à la tentation de s'en évader ?

Sa Sainteté le Dalaï-Lama (SSDL) : Cela dépend beaucoup de l'individu. Si la personne est un pratiquant avancé qui se consacre entièrement à une vie de contemplation et de retraite, il peut y avoir des cas où l'individu devrait rechercher la solitude et abandonner la vie du monde. On dit que c'est la forme la plus élevée de la pratique spirituelle. Mais elle n'est pas à la portée de tous. En fait, les pratiquants de ce niveau sont très rares.

En général, pour les pratiquants tels que nous, il est plus important d'être un membre actif de la société, quelqu'un qui exerce une contribution sociale positive et qui intègre autant que possible la pratique spirituelle dans sa vie quotidienne. Il faut simplement trouver le temps, le matin ou le soir, pour s'adonner à des pratiques contemplatives de méditation et autres. C'est la meilleure manière pour la plupart d'entre nous. Sinon, il arrive que les gens s'évadent de la société, vivent en reclus et s'aperçoivent plus tard que c'est trop difficile. Ensuite, sans faire de bruit, un peu gênés, ils essaient de se réintégrer dans le monde !

Question : Quelle sorte de méditation Sa Sainteté suggère-t-elle aux débutants ?

SSDL : Réfléchir sur l'impermanence et, si vous avez une connaissance plus approfondie, réfléchissez sur la nature de la souffrance. Vous pourriez aussi contempler la nature de la fin ultime. En réalité, la fondation du Bouddha-dharma est la contemplation des Quatre Nobles Vérités. Commencez à y réfléchir plutôt que de vous visualiser comme une déité ! Les mantras ne font qu'exercer notre bouche. Pour un débutant, je pense qu'il y a une certaine limite à la pratique du mantra. Un maître de l'est du Tibet, à Amdo, a dit que lorsque vous récitez trop de mantras en manipulant votre rosaire, au lieu de diminuer vos émotions négatives cela servirait surtout à raccourcir vos ongles !

Question : Votre Sainteté, voulez-vous, s'il vous plaît, nous parler de la prière selon la perspective bouddhiste. S'il n'y a pas de déité, qui pouvons-nous prier et sur quel sujet ?

SSDL : D'habitude, nous nous adressons à des êtres supérieurs, comme des bouddhas, des bodhisattvas et d'autres, qui ont plus de pouvoir que nous. C'est la méthode bouddhiste. Mais ces êtres supérieurs ne l'étaient pas au début ; originellement ils étaient comme nous, ensuite, en entraînant leur mental, ils sont devenus bouddhas et bodhisattvas. C'est ainsi que nous concevons le processus.

Question : Pouvons-nous combiner la répétition tibétaine des mantras et les visualisations diverses avec la pratique du *vipasyana* — pas dans la même session en mélangeant les deux, mais pendant différents moments de la journée ? Je sens que j'ai besoin des deux pratiques. Est-ce une erreur ? Pouvez-vous nous donner votre avis sur la manière de l'exercer ?

SSDL : Bien sûr, il est parfaitement possible de combiner les deux pratiques. Même du point de vue du bouddhisme tibétain, la pratique essentielle consiste dans la contemplation de la pratique du *vipasyana*. Les exercices vajrayanas de la récitation des mantras et des visualisations sont complémentaires ; ils mettent en valeur la pratique essentielle qui est la contemplation.

Il serait dangereux que les gens aient l'impression que, pour pratiquer le bouddhisme à la manière tibétaine, ils ont besoin de tous ses aspects rituels, souffler dans les grandes cornes, jouer de la clarinette et des cymbales, etc. Telle n'est pas l'essence de la pratique. En fait, je disais aux gens, y compris aux Tibétains, que l'un des personnages exemplaires de l'histoire tibétaine, et dont la vie incarne la véritable pratique du bouddhisme tibétain, est le grand contemplatif Milarepas. Celui qui aurait visité la cave où il méditait n'aurait pas trouvé la moindre cymbale, clarinette ou corne.

On dit que lorsque le maître indien Atisha se rendit au Tibet au XIe siècle, il fut accueilli par une importante délégation de lamas tibétains. Accueil gigantesque. Il voyait s'approcher de loin d'impressionnants lamas montés sur des chevaux ornés de riches tissus chamarrés et de clochettes. Les lamas eux-mêmes portaient de superbes costumes et des chapeaux colorés. Quelques-uns avaient la forme de têtes d'oiseaux. Atisha en fut si surpris et choqué qu'il s'écria en se voilant la face : « Ah ! Les fantômes tibétains arrivent ! » Il ne voulait pas les regarder ; il croyait qu'il s'agissait d'une hallucination. Les Tibétains comprirent le message. Ils descendirent de cheval, renvoyèrent leurs montures, leurs parures, et enfilèrent de simples robes monastiques. Lorsqu'ils rejoignirent enfin le maître indien, il fut heureux de les rencontrer.

De nombreux Tibétains connaissent cette anecdote que nous racontons souvent. Malgré tout, il nous arrive de rencontrer ces pittoresques rituels de bazar. Lorsque j'étais à Lhassa, bien sûr, je m'habillais de coûteux brocart de soie. Mais je crois que si nous attachons trop d'importance à ces manifestations, l'enseignement et les rituels deviennent superficiels et perdent de leur sens.

Depuis que nous sommes des réfugiés, nous avons eu une bonne occasion de changer. J'ai cessé de porter des vêtements très chers. La robe de moine que je porte me suffit, facile à laver, très confortable ! Le brocart est rude sur la peau et ne se lave pas aisément ; dans la chaleur de l'Inde, il se salit facilement ! Ainsi, les circonstances font qu'il nous est impossible de porter des habits luxueux et je pense que c'est très heureux ! Je suis sûr que si l'on inspectait l'une des vestes que portent les moines au Tibet, on pourrait parier que la crasse sur le col remonte à plusieurs générations ! Je trouve que ces choses sont vraiment bêtes. Nous répétons le nom du Bouddha, mais en appliquant ces pratiques nous négligeons les instructions du Bouddha, et c'est dommage.

Que nous pratiquions ou non une religion n'est pas entièrement une affaire de choix individuel. Si nous décidons d'en adopter une, il faut la prendre au sérieux et la pratiquer de tout son cœur. C'est important. C'est pourquoi je sens que le temps est venu pour les bouddhistes de remettre en question certaines de leurs habitudes traditionnelles. Il en va de même pour d'autres religions. Lorsque l'on adhère à une religion, il faut être sérieux et sincère, et la mettre en pratique dans sa vie quotidienne. Alors seulement, notre adhésion prendra une certaine valeur. Si la foi religieuse n'est qu'une coutume, elle ne sert pas à grand-chose.

Chapitre 2

La transformation grâce à l'altruisme

LES QUALITÉS DE BODHICITTA, L'INTENTION ALTRUISTE

Les *Huit Strophes sur la transformation de l'esprit,* de Geshe Langri Thangpa (voir Appendice 1), offrent un enseignement sur la pratique de *bodhicitta*, l'intention altruiste d'atteindre l'illumination totale pour le bien de tous les êtres sensibles. Avant d'analyser ces vers en détail, essayons de comprendre la signification de *bodhicitta.*

La définition en est donnée par Maitreya dans l'*Ornement de la réalisation (Abhisamayalamkara)*, dans lequel il affirme que l'altruisme comporte deux aspects. Le premier est la condition qui produit la perspective altruiste, ce qui implique la compassion qu'une personne doit développer envers tous les êtres sensibles et l'aspiration qu'il ou elle doit cultiver pour contribuer au bien des êtres sensibles. Cela conduit au second aspect, qui est le désir d'atteindre l'éveil. Ce désir doit naître en nous pour le bien de tous.

Nous pouvons affirmer que *bodhicitta* est le niveau

le plus élevé de l'altruisme et la plus haute forme de courage. Nous voulons ajouter que *bodhicitta* est l'aboutissement de la plus haute activité altruiste. Ainsi que l'explique le lama Tsongkhapa dans son *Grand Exposé de la Voie vers l'Eveil (Lam rim chen mo)*, le pouvoir de *bodhicitta* est tel que, tandis que l'on s'emploie à satisfaire les souhaits des autres, notre propre intérêt se réalise de surcroît. Manière avisée de faire le bien aux autres comme à soi-même. Je pense que *bodhicitta* est vraiment merveilleux ! Plus j'aide les autres, plus le sentiment de vouloir les aider s'accroît, et plus j'y trouve des bienfaits pour moi. C'est extraordinaire.

En examinant les qualités positives de *bodhicitta*, on découvre que c'est l'un des moyens les plus efficaces pour accumuler des mérites et rehausser notre potentiel spirituel. En outre, il s'agit d'une des meilleures méthodes pour contrecarrer les tendances négatives et les pulsions destructrices. Comme surmonter les tendances négatives et rehausser le potentiel positif sont l'essence de la voie spirituelle, l'exercice qui consiste à développer l'altruisme est essentiel, le plus efficace.

Maitreya ajoute dans l'une de ses invocations que ce même *bodhicitta* est capable de nous libérer d'une transmigration vers les sphères inférieures de l'existence, de nous orienter vers des renaissances plus élevées et plus heureuses, et qu'il peut même nous conduire à un état au-delà de la vieillesse et de la mort. Maitreya fait allusion ici à un élément très spécial. En général, d'après les enseignements bouddhiques, une conduite morale, selon l'éthique, nous protège des réincarnations dans les sphères inférieures de l'existence. Maitreya affirme que la pratique du *bodhicitta* surpasse toutes les autres et constitue une voie supérieure. Il déclare que le *bodhicitta* représente une voie supérieure quand il s'agit de semer des graines en vue d'atteindre les formes les plus élevées de la réincarnation.

Dans un sens, nous pourrions dire que la pratique de générer et de cultiver l'intention altruiste contient les éléments essentiels des autres pratiques spirituelles. Prise isolément, cette pratique peut remplacer diverses et nombreuses techniques, puisque les autres méthodes ne sont accessibles que par une seule voie. C'est pourquoi nous considérons que la pratique du *bodhicitta* est la source d'un bonheur passager aussi bien qu'éternel.

Si l'on examine les préceptes suivis par un pratiquant du *bodhicitta*, on constate l'immense courage que requiert cette pratique. Dans sa *Guirlande précieuse (Ratnavali)*, Nagarjuna écrit :

Que je sois toujours un objet de plaisir
Pour tous les êtres sensibles selon leur désir
Et sans ingérence comme le sont la terre,
L'eau, le feu, le vent, la médecine et les forêts.

Que je sois aussi cher aux êtres sensibles que
Leur propre vie et qu'ils me soient aussi très chers,

Que leurs fautes portent fruit en moi
Et toutes mes vertus en eux.

Il est évident que ces sentiments expriment beaucoup de courage. Le courage d'une pensée altruiste est si démesuré qu'il s'étend à tous les êtres sans exception, et n'est pas réduit à une époque donnée. Il est illimité. Dans un verset de son *Guide du mode de vie d'un bodhisattva (Bodhicaryavatara)*, Shantideva exprime ce grand courage qui transcende les limites de l'espace et du temps. Il écrit :

Aussi longtemps que dure l'espace
Aussi longtemps que demeurent les êtres sensibles,
Que moi aussi je demeure
Et chasse la misère du monde.

Lorsque l'intention altruiste est soutenue par l'intuition de la vacuité, par la compréhension directe de la vacuité, il est dit que l'on atteint les deux dimensions de *bodhicitta*, qualifiées de *bodhicitta* conventionnelle et ultime. Avec ces deux pratiques de la compassion et de la sagesse, le pratiquant a entre ses mains la méthode complète qui lui permet d'atteindre le but spirituel le plus élevé. Une telle personne est digne d'admiration.

Lorsqu'on est capable de cultiver en soi ces qualités spirituelles, alors, comme Chandrakirti l'écrit d'une façon poétique dans son *Entrée de la Voie du Milieu (Madhyamakavatara)*, avec une aile d'intention altruiste et l'autre aile de compréhension de la vacuité, on peut traverser l'espace de l'univers et planer au-delà de l'existence vers le rivage de la bouddhéité éveillée.

J'ai beau avoir quelque expérience des deux dimensions de *bodhicitta*, j'ai le sentiment de les avoir très peu réalisées. Néanmoins, j'éprouve un désir et un enthousiasme réels pour la pratique de *bodhicitta* qui m'inspire infiniment. Je crois que nous sommes fondamentalement semblables et que nous disposons du même potentiel de base. Certains d'entre vous, je n'en doute pas, ont un cerveau supérieur au mien. C'est pourquoi il est bon de faire l'effort de contempler, d'étudier et de méditer, sans attendre de résultats immédiats. Vous devriez avoir la même attitude que Shantideva — aussi longtemps que l'espace existe, vous demeurerez dans le monde pour en éliminer la misère. Lorsque vous aurez une telle détermination, un tel courage pour développer vos capacités, un siècle, un million d'années ne compteront pas pour vous. En outre, vous ne trouverez pas insurmontables les différents problèmes humains qui se présentent. Une telle attitude, une telle vision suscitent une véritable force intérieure. Pourquoi penser qu'il est illusoire de croire à ces choses ? Même si c'est le cas, cela n'a pas d'importance — moi, ça m'aide !

La question qui se pose maintenant est de savoir comment nous entraîner pour cultiver *bodhicitta*. Les deux aspects de *bodhicitta* que nous avons mentionnés, le désir d'aider les autres et l'aspiration à atteindre soi-même l'éveil, doivent être cultivés séparément par des entraînements distincts. Le désir d'aider les autres doit être cultivé en premier.

Œuvrer au bonheur des autres inclut, bien sûr, le soulagement de leurs souffrances visibles, de la douleur physique, mais ce n'est pas le propos dans ce contexte. Rendre les autres heureux signifie en réalité les aider à atteindre la libération. Il faut d'abord comprendre le sens du terme libération. Cela se réfère à la compréhension de la vacuité, car le nirvana défini par l'enseignement bouddhiste doit être compris selon le concept de vacuité. Ainsi, selon le bouddhisme, sans une certaine compréhension de la vacuité, il est impossible de comprendre ce qu'est la libération véritable ; et sans cela, la grande aspiration à atteindre la libération ne surgira pas.

La seconde aspiration — atteindre l'éveil absolu — est directement reliée à notre compréhension de la vacuité. Le mot tibétain pour éveil est *chang-chub*, et le terme sanscrit *bodhi*. En étudiant l'étymologie des deux syllabes tibétaines, on découvre que *chang* signifie « purification » ou « purifié », ce qui fait référence à une qualité du Bouddha illuminé, et implique que tous les éléments négatifs et les polluants mentaux ont été surmontés. La seconde syllabe, *chub*, signifie littéralement « ayant réalisé », ce qui se réfère à la qualité du Bouddha éveillé, qui perfectionne toute connaissance. Ainsi l'éveil, tel qu'il est exprimé par le terme tibétain *chang-chub*, suggère à la fois la victoire sur nos attributs négatifs et le perfectionnement de nos qualités positives. Ce qui est directement relié à notre compréhension de la vacuité et implique la certitude qu'il est possible d'éliminer les aspects négatifs de l'esprit avec un minimum de compréhension concernant la manière d'y parvenir, et la nature de la liberté totale.

LA VOIE DU PRATIQUANT INTELLIGENT

J'ai expliqué que les écritures qui définissent la pratique d'entraînement du mental présentent les deux aspects principaux de la voie, la méthode et la sagesse. En général, concernant la présentation et la compréhension de la méthode, il n'existe pas de différences substantielles entre les diverses écoles bouddhiques, bien qu'il puisse exister des variantes selon l'accent porté sur des pratiques particulières. En ce qui concerne la sagesse, il existe de réelles différences entre les écoles et les divers textes sacrés.

De nombreuses écritures sont attribuées au Bouddha historique. Toutefois, les écoles bouddhiques récentes, particulièrement celle de l'Esprit Unique (Cittamatra) et l'école de la Voie du Milieu (Madhyamaka), distinguent deux différentes catégories de textes, même au sein du corpus d'écritures sacrées qui contient la Parole du Bouddha. Ces écoles affirment qu'il y a des écritures qui peuvent être lues au premier degré, et d'autres qui ne le peuvent pas et qui requièrent une interprétation supplémentaire. Sur quels critères pouvons-nous établir qu'un texte a un sens littéral ou un sens ambigu qui demande une interprétation supplémentaire ? Si nous devions nous fonder sur une autre écriture pour faire cette distinction, une autre question se poserait : sur quelles bases accepter le texte comparatif au pied de la lettre ? Cela mènerait à une régression infinie. Ce qui suggère, en fin de compte, que l'on ne peut se fier qu'à sa propre compréhension, son expérience personnelle et son raisonnement. En conséquence, pour le bouddhisme, la pensée critique représente un élément crucial de notre compréhension des écritures. Afin de souligner ce point important, on cite cette parole du Bouddha :

De même que les gens testent la pureté de l'or en le chauffant au feu, en le découpant et en l'examinant sur une pierre de touche, de même vous devez, ô Moines, accepter exactement ma parole après l'avoir soumise à un test critique et non par révérence envers moi.

Il y a deux manières principales d'aborder les enseignements bouddhiques selon l'aptitude du pratiquant : la manière intelligente et la manière qui l'est moins. La manière intelligente, celle qui nous intéresse, consiste à aborder les écritures et leurs commentaires avec scepticisme et un esprit ouvert, puis à soumettre ces enseignements à une enquête en les comparant à notre expérience et notre compréhension personnelles. Ensuite, tandis que notre compréhension s'accroît, notre adhésion au contenu de ces écritures grandira en même temps que notre admiration pour l'ensemble de l'enseignement du Bouddha. Une telle personne ne suivra pas un enseignement ou un texte parce qu'on l'attribue à un maître connu ou à quelqu'un de respectable ; le contenu du texte sera jugé valable sur la base de la compréhension personnelle, grâce à l'investigation et l'analyse intime.

Le principe bouddhiste des Quatre Dépendances s'applique à cette approche intelligente. Elles s'expriment comme suit :

Fie-toi au message du maître, non à sa personne ;
Fie-toi au sens, non simplement aux mots ;
Fie-toi au sens définitif, non au sens provisoire ;
Fie-toi à ton esprit de sagesse, non à ton mental [ordinaire.

En d'autres termes, il ne faut pas se fier à la célébrité, au statut, etc., du maître mais à ce qui est dit ; il ne faut pas se fier aux mots en eux-mêmes, mais à leur signification ; non au sens provisoire mais au sens définitif ; et enfin, on ne doit pas se fier à une compréhension intellectuelle du sens mais plutôt à une profonde expérience. Telle est la manière intelligente d'aborder les enseignements bouddhiques.

En conséquence, tandis que vous abordez la partie suivante de cet enseignement, je vous suggère d'essayer de garder l'attitude de scepticisme ouvert dont je viens de parler.

LES DEUX ASPIRATIONS ALTRUISTES

1. L'aspiration à atteindre l'éveil

La plus haute forme de pratique spirituelle est de cultiver l'intention altruiste en vue d'atteindre l'éveil pour le bien de tous les êtres sensibles, pratique connue sous le nom de *bodhicitta.* Ce sont l'état d'esprit le plus précieux, la source suprême de bienfaits et de bonté qui nourrissent nos aspirations immédiates et ultimes, la base de l'activité altruiste. Cependant, le *bodhicitta* ne peut être réalisé que par un effort concerté et continu. Afin de l'atteindre, nous avons besoin de cultiver la discipline nécessaire pour entraîner et transformer notre esprit.

La transformation de l'esprit et du cœur ne se produit pas en un jour mais selon un processus graduel. Il est vrai que, dans certains cas, des expériences spirituelles instantanées sont possibles ; mais elles ne durent pas longtemps et sont peu fiables. Lorsqu'une expérience soudaine surgit comme un éclair, l'individu se sent profondément troublé et inspiré, mais si ces expériences ne sont pas fondées sur la discipline et l'effort continu, elles sont imprévisibles, et leur pouvoir d'évolution sera limité. Au contraire, une véritable transformation qui résulte d'un effort délibéré et continu durera longtemps parce qu'elle aura une base solide. C'est pourquoi une transformation spirituelle à long terme ne peut s'opérer que par un processus graduel d'entraînement et de discipline.

Nous avons vu que l'intention altruiste est dotée de la double aspiration à venir en aide aux autres êtres sensibles et à atteindre l'éveil. Nous avons d'abord évoqué le besoin d'avoir une compréhension fondamentale du sens de l'éveil. J'ai expliqué comment le terme tibétain pour l'éveil, *chang-chub*, se compose de deux syllabes, l'une relative à l'abandon des pensées négatives et l'autre au perfectionnement des qualités positives.

Nous pouvons maintenant approfondir notre connaissance de l'éveil en considérant la présentation que Maitreya a en donnée dans son *Continuum sublime (Ratnagotravibhaga)*. Il affirme que les polluants de l'esprit surviennent au hasard, ce qui signifie qu'ils peuvent être dissociés de la nature essentielle de l'esprit. Cela indique qu'il est possible d'éliminer les afflictions de l'esprit et du cœur, les émotions et les pensées douloureuses. Maitreya souligne, à propos des qualités illuminées du Bouddha, que nous possédons tous le potentiel ou la graine pour les perfectionner. Cela signifie que le potentiel de la perfection, le potentiel de l'éveil, est latent en chacun d'entre nous. En fait, ce potentiel n'est rien d'autre que la nature essentielle de l'esprit qui est elle-même connaissance lumineuse. Grâce au processus de la pratique spirituelle, nous pouvons éliminer les obstacles qui nous empêchent de perfectionner ces graines d'illumination. Tandis que nous les surmontons, pas à pas, la qualité inhérente de notre conscience se manifeste de plus en plus, jusqu'à atteindre le stade le plus haut de la perfection qui n'est autre que l'esprit éveillé du Bouddha.

Selon le bouddhisme, il existe deux sortes de polluants accidentels. Les premiers sont les afflictions mentales, c'est-à-dire nos pensées et nos émotions négatives. Les autres consistent en obstructions subtiles à la connaissance, ce sont les penchants produits par la répétition des pensées et des émotions en nous. Comme il est possible d'éradiquer les pensées et les émotions négatives, cela implique, par extension, que nous pouvons surmonter également les penchants créés par leur répétition. Dès que nous en prendrons conscience, nous aurons la perception du sens de l'éveil selon le bouddhisme. J'ai souligné dans le premier chapitre qu'une compréhension adéquate de la nature de l'illumination totale dépend d'une bonne compréhension de la vacuité.

Les enseignements de nombreuses traditions spirituelles indiennes comportent la notion du nirvana, *moksa*, ou liberté spirituelle. Il semblerait que certaines traditions identifient ces états avec un domaine physique de l'existence. En ce qui concerne le concept bouddhiste du nirvana, il s'agit d'un état d'esprit, non d'une réalité extérieure.

Il existe des divergences d'opinion parmi les écoles bouddhiques au sujet de la signification précise du terme libération. Par exemple, l'école Vaibhashika soutient que le Bouddha historique, Shakyamuni, était parvenu à l'illumination totale et qu'il avait surmonté deux des forces négatives, en l'occurrence les pensées et les émotions douloureuses, comme les liens puissants du désir et de l'attachement. Cette école considère que le Bouddha n'a pas surmonté les deux autres forces négatives, c'est-à-dire la force de la mort, et la force des agrégats de l'existence [1]. Les Vaibhashikas envisagent le nirvana comme la cessation absolue de l'individu. Cela implique que, lorsque le nirvana final est atteint, l'être humain cesse d'exister.

Ce point de vue n'est pas accepté par la plupart des autres écoles bouddhiques. Il existe par exemple l'objection célèbre de Nagarjuna qui affirme que la conséquence logique de l'enseignement des Vaibhashikas est que personne n'atteindrait le nirvana, parce que, lorsque celui-ci est atteint, l'individu cesse d'exister. Cette opinion est absurde. La personne est simplement le nom donné au continuum d'agrégats psychophysiques (le complexe corps-esprit), et si ce complexe cesse d'exister, la personne cessera d'exister aussi.

Ce point de vue n'est pas accepté par les autres écoles bouddhiques.

Bien d'autres aspects de la doctrine Vaibhashika sont également rejetés. Sa théorie de la connaissance

1. Cf. les cinq *skandhas*, note 2, p. 23.

rejette la notion des données sensorielles. Elle estime que les perceptions sensorielles sont le résultat de l'interaction entre les organes des sens et les objets physiques, et qu'il n'existe pas de données sensorielles qui agissent comme médiateurs entre les deux. L'une des objections à cette théorie est qu'elle implique que, pour qu'une perception survienne, l'objet en question doit être physiquement présent. Tel n'est pas toujours le cas. Nous savons par expérience que nous pouvons parfois avoir un souvenir très vif d'un objet, comme s'il se trouvait réellement devant nous. Pourtant, cette perception est due au pouvoir de la mémoire.

La théorie de l'école Vaibhashika au sujet de la nature de la conscience au moment de la mort est rudimentaire. Elle considère que l'état mental au moment de la mort peut être vertueux, non vertueux ou neutre. Mais d'autres écoles bouddhiques argumentent que l'état mental au moment précis de la mort est toujours neutre, parce qu'il s'agit d'un état très subtil. Ce ne sont que quelques exemples de la naïveté des idées de l'école Vaibhashika comparées à la compréhension plus fine d'autres écoles.

Certaines écoles soutiennent que lorsque l'on commence à purifier les aspects négatifs de l'esprit et du corps grâce à la pratique spirituelle, et que l'on surmonte les pensées et les émotions négatives avec les propensions qui en résultent, jusqu'à les éliminer, on perfectionne en même temps les agrégats psychophysiques. Elles considèrent que si les polluants du mental cessent d'exister, leurs manifestations et leurs empreintes — le corps et l'esprit impurs — cessent d'exister également. Mais cela ne signifie pas que le continuum de l'individu s'éteint. Il existe un niveau subtil de l'existence libéré de ces polluants manifestes.

J'essaie d'indiquer ici qu'il existe un grand débat sur la nature exacte de l'éveil. Fondamentalement, du point de vue bouddhiste, la nature de la libération véritable et de la liberté spirituelle doit être comprise comme une qualité de l'esprit, une liberté à l'encontre des aspects négatifs et de la pollution de l'esprit.

Selon Chandrakirti, célèbre maître indien de l'école de la Voie du Milieu, la libération ou la délivrance véritables ne peuvent survenir que sur la base de la compréhension de la nature ultime de la réalité, c'est-à-dire la vacuité. Nous nous trouvons ici en présence d'une conception plus fine du nirvana, émergeant d'une profonde compréhension de la vacuité. C'est l'intuition de la nature ultime de la vacuité qui permet d'éliminer la pollution mentale. De surcroît, notre ignorance de cette nature ultime de la réalité se trouve à la racine de nos méconnaissances, de nos confusions et de nos illusions. Finalement, c'est la vacuité de l'esprit en son état parfait qui représente la vraie libération. Ainsi, la base de la vraie libération est la vacuité ; l'illumination par laquelle nous éliminons nos confusions est celle de la vacuité. Le stade final, parfait, grâce auquel nous obtenons la libération est la vacuité de l'esprit.

Lorsque nous disons que la nature ultime de l'esprit est la libération, nous n'évoquons pas la nature ultime de l'esprit en général, mais le stade auquel l'individu parvient en surmontant les polluants et les aspects négatifs de son esprit. La délivrance véritable comporte deux dimensions : l'une, la libération totale à l'égard des polluants mentaux, et l'autre, la négation totale de l'existence inhérente. Nous pouvons l'illustrer par le premier verset de la *Sagesse fondamentale de la Voie du Milieu (Mulamadhyamakakarika)* de Nagarjuna :

Je me prosterne devant le Bouddha Parfait
Le meilleur maître, qui enseigna que
Tout ce qui est dépendant-émergeant est
Incessant, non né,
Non annihilé, non permanent,
Sans aller ni venir,
Sans distinction, sans identité,
Libre de construction conceptuelle.

Nagarjuna rend hommage au Bouddha en disant que le Bouddha a enseigné le principe de la dépendance originelle et de la vacuité. Il décrit la délivrance comme la pacification totale de toute élaboration conceptuelle ; quand toute construction conceptuelle sera pacifiée, il y aura une délivrance véritable.

2. *Travailler pour le bien des autres*

L'autre aspiration de l'intention altruiste (*bodhicitta*) est le souhait de faire le bien aux autres êtres sensibles. Le « bien », au sens bouddhiste, signifie aider les autres à atteindre la libération totale de la souffrance, et l'expression les « autres êtres sensibles » se réfère au nombre infini d'êtres dans l'univers. Cette aspiration représente en vérité la clé de la première, l'intention d'atteindre l'éveil pour le bien de tous les êtres sensibles. Elle est fondée sur une vraie compassion envers tous les êtres sans distinction. Ici, la compassion signifie le désir que les autres êtres soient délivrés de la souffrance. Elle est considérée comme la source de toute activité altruiste et de l'intention altruiste en général.

Il faut cultiver une compassion qui aurait le pouvoir de nous engager à travailler au bien-être des autres au point que nous souhaitions en assumer la responsabilité. Dans le bouddhisme, une telle compassion s'appelle la « grande compassion ». Cette qualité est souvent soulignée dans la littérature du Mahayana, elle est la fondation de toutes les qualités positives, la racine de la voie du Mahayana. Par exemple, Maitreya déclare dans son *Ornement des sutras (Mahayanasutralamkara)* que la compassion se trouve à la racine du *bodhicitta.* De même, Chandrakirti affirme dans son *Entrée de la Voie du Milieu (Madhyamakavatara)* que la compassion est une qualité spirituelle suprême qui se maintient à tous moments : elle est vitale au stade initial de la voie spirituelle, tout aussi essentielle pendant que nous suivons la voie, également lorsque l'individu a atteint l'éveil.

J'essaie de montrer qu'en étudiant n'importe quel texte du Mahayana, on découvre que la compassion est non seulement l'objet d'éloges mais que les auteurs réaffirment son importance parce qu'elle est la source de toute aventure spirituelle. Selon un autre exemple, dans le premier verset de salutation à son *Abrégé de connaissance valide (Pramanasamuccaya)*, Dignaga expose que le Bouddha est un maître spirituel authentique parce qu'il incarne la compassion et qu'il a perfectionné son développement. Dignaga utilise la perfection de la compassion comme fondement de l'argument que le Bouddha est un maître spirituel valable. Bien sûr, la compassion seule ne suffit pas à reconnaître un maître vrai et authentique, c'est pourquoi Dignaga ajoute que le Bouddha possède la compréhension directe et immédiate de la vacuité et qu'il a totalement surmonté toutes les obstructions.

En général, comme je l'ai dit, la compassion est le désir de voir les autres délivrés de leur souffrance, mais si nous l'examinons plus attentivement, la compassion a deux niveaux. Dans un cas, elle peut exister au niveau d'un souhait — le souhait que l'autre soit délivré de la souffrance —, dans l'autre, elle peut exister sur un plan supérieur, où l'émotion dépasse le simple souhait d'inclure la dimension d'aider les autres. Le sens de la responsabilité et de l'engagement personnel fait partie de la pensée et de l'émotion de l'altruisme.

Quel que soit notre niveau de compassion, pour développer avec succès le *bodhicitta*, il faut y combiner le facteur complémentaire de la sagesse et de l'intuition. Si la sagesse et l'intuition font défaut, lorsque l'on est confronté à la souffrance de quelqu'un, une compassion sincère peut naître spontanément, mais étant donné que nos ressources sont limitées, on ne peut qu'émettre un souhait : « Qu'il ou qu'elle soit délivré de cette souffrance. » A la longue, ce sentiment pourrait conduire à une impression d'impuissance parce qu'on se rend compte que l'on ne peut rien faire pour changer la situation. D'un autre côté, si vous êtes pourvu de sagesse et d'intuition, vous aurez davantage de ressources à votre disposition et plus vous vous concentrerez sur l'objet de votre compassion, plus elle sera intense et plus elle croîtra.

Suivant la manière dont l'intuition et la sagesse influencent le développement de la compassion, la littérature bouddhiste identifie trois différents types de compassion. Au stade initial, la compassion correspond au désir de voir d'autres êtres sensibles délivrés de la souffrance ; il n'est pas renforcé par une compréhension particulière de la nature de la souffrance ou la nature de l'être sensible. Au deuxième stade, la compassion n'est pas seulement le désir de voir un autre être délivré de sa souffrance, elle est fortifiée par l'intuition de la nature transitoire de l'existence, et ainsi prend conscience que l'être qui est l'objet de notre compassion n'existe pas de manière permanente. Quand l'intuition complète la compassion, elle contribue à augmenter son pouvoir. Au troisième stade, la compassion est décrite comme « une compassion sans objet spécifique ». Elle peut être dirigée vers un même être souffrant, mais elle se renforce par la pleine conscience de la nature ultime de cet être.

Il s'agit d'un genre de compassion très puissant, car il permet de s'impliquer avec l'autre personne sans l'objectiver et sans s'accrocher à l'idée qu'elle possède une réalité absolue.

Puisque la compassion est le désir que les autres soient libérés de la souffrance, elle exige de se sentir connecté à d'autres êtres. Nous savons d'expérience que plus nous nous sentons proches d'une personne ou d'un animal, plus notre capacité d'éprouver de l'empathie envers cet être augmentera. Il s'ensuit qu'un élément important de la pratique spirituelle pour développer la compassion est la capacité de se sentir en empathie et connecté, d'éprouver la proximité avec les autres. Le bouddhisme décrit ce sens comme un sentiment d'intimité avec l'objet de compassion, également nommé « bonté aimante ». Plus vous vous rapprocherez d'un autre être, plus vous sentirez que la vue de sa souffrance est insoutenable.

Il existe deux méthodes pour cultiver ce sentiment de proximité ou d'intimité. L'une s'intitule « *L'échange et l'égalisation du moi avec les autres* ». Bien que l'expression provienne de Nagarjuna, elle est développée par Shantideva dans son *Guide du mode de vie d'un bodhisattva (Bodhicaryavatara).* L'autre technique se nomme la « *méthode de la cause et de l'effet en sept points* ». Elle met en valeur un comportement qui permet d'entrer en relation avec un autre être sensible comme s'il s'agissait de quelqu'un de très cher. L'exemple classique est que nous devrions considérer tous les êtres sensibles comme notre mère. Quelques-uns des textes sacrés évoquent notre père ou un ami très cher, ou des parents proches, etc. L'exemple de notre mère symbolise que nous devons apprendre à considérer les autres êtres sensibles comme étant très proches de nos cœurs.

Il semblerait que pour certains la méthode de la cause et de l'effet en sept points soit plus efficace tandis que pour d'autres la technique de l'échange et de l'égalisation du moi avec les autres serait plus active, cela dépend de l'inclination et de la mentalité de l'individu. Dans la tradition tibétaine, on a coutume de combiner les deux méthodes afin de profiter des bénéfices des deux approches. Par exemple, bien que l'approche principale des *Huit Versets pour la transformation de l'esprit* soit celle de l'échange et de l'égalisation du moi avec les autres, le texte fait référence à tous les êtres sensibles comme à « nos mères », suggérant qu'elle comporte la méthode de la cause et de l'effet en sept points.

LA MÉTHODE DE LA CAUSE ET DE L'EFFET EN SEPT POINTS

Avant de pouvoir appliquer à nous-mêmes la méthode de la cause et de l'effet en sept points [1], il est

1. Les sept points sont : reconnaître que tous les êtres sensibles ont été notre mère, dans une vie antérieure ; réfléchir sur la bonté de tous les êtres ;

nécessaire de cultiver un sentiment de sérénité à l'égard de tous les êtres sensibles, qui s'exprime par notre capacité à former une relation égale avec tous. Pour y arriver, nous avons besoin de gérer le problème des pensées et des émotions fluctuantes. Nous devons non seulement essayer de surmonter les émotions négatives extrêmes telles que la colère et la haine, mais aussi, dans cette pratique spirituelle, nous devons travailler sur l'attachement que nous ressentons envers nos êtres chers.

Cet attachement envers nos proches comporte un sentiment d'intimité ainsi qu'un élément d'amour, de compassion et d'affection, mais ces émotions sont souvent mêlées à un fort sentiment de désir. La raison en est évidente : lorsque nous avons des liens avec des gens à qui nous sommes très attachés, nos sentiments sont ouverts aux émotions extrêmes. Lorsqu'une personne que nous aimons nous déçoit, cela nous fait plus mal que si la même erreur était commise par un étranger. Ce qui montre que dans l'affection que nous ressentons, il y a un degré élevé d'attachement. En conséquence, dans cette pratique spirituelle, nous essayons d'aplanir l'attachement que nous avons pour certaines personnes, pour que le sentiment d'intimité que nous ressentons envers elles ne soit pas mêlé de désir.

---

méditer sur comment leur rendre leur bonté ; sur l'amour ; sur la compassion ; générer l'attitude extraordinaire de la responsabilité universelle ; et le développement de *bodhichitta.*

Le point essentiel dans cette pratique préliminaire de sérénité consiste à surmonter les sentiments de partialité et de discrimination que nous ressentons envers les autres, fondés sur les émotions et les pensées fluctuantes associées à la proximité et la distance. L'attachement restreint notre vision de sorte que nous sommes incapables de voir les choses selon une perspective plus vaste.

Je participais récemment en Argentine à un séminaire sur la science et la religion. L'un des intervenants exposa une théorie que je crois très juste. Mentor du neurobiologiste Francisco Varela que je connais depuis longtemps, il se nomme Mathurena. Il expliqua qu'il est très important pour les chercheurs d'adopter le principe méthodologique consistant à ne pas s'attacher émotionnellement à leur domaine de recherche, parce que l'attachement produirait l'effet négatif de rétrécir leur vision. Je suis entièrement d'accord. C'est pourquoi, grâce à la pratique de la sérénité, nous tentons de surmonter ces sentiments de partialité afin d'avoir un rapport égal avec les gens.

A cet égard, je voudrais ajouter combien j'apprécie l'importance que les Occidentaux accordent à l'objectivité, du moins dans le domaine intellectuel. Pourtant, je découvre là, en même temps, une contradiction majeure ; car lorsque je parle avec des gens de milieux professionnels différents, surtout en Occident, ils paraissent attachés à leur profession. On dirait même que ces personnes s'identifient à leur profession au point de croire qu'elle est tellement vitale pour le bien de l'humanité que, si elle se dégradait, le monde entier en souffrirait. Cet attachement est disproportionné. Le grand maître tibétain Tsongkhapa a dit un jour que certaines personnes ont tendance, lorsqu'elles ramassent un grain de riz, après l'avoir observé, à conclure que tous les grains de riz de l'univers sont identiques. De même, quelques professionnels semblent éprouver un attachement extrême à leurs vues étroites. Il semble exister une contradiction entre ces deux aspects de la mentalité occidentale.

Lorsque nous pratiquons le développement de la sérénité, utiliser la visualisation aide parfois. Par exemple, vous pouvez imaginer trois individus différents se tenant devant vous : l'un d'eux très proche de votre cœur, l'autre considéré comme un ennemi et que vous n'aimez pas, et le troisième, neutre, qui vous est indifférent. Ensuite, laissez surgir vos émotions et vos pensées spontanées par rapport à ces trois individus. Quand vous aurez réussi à vous laisser aller à vos sentiments naturels, vous remarquerez que vous ressentez un sentiment d'intimité et d'attachement envers la personne que vous aimez, tandis que vous éprouvez de l'hostilité et une certaine distance à l'égard de la personne que vous n'aimez pas, et enfin, vous ne sentirez aucune émotion envers celle qui est neutre.

Essayez alors de dialoguer avec vous-même : « Pourquoi est-ce que je ressens des émotions si différentes envers ces trois individus ? Pourquoi suis-je si attaché aux êtres qui me sont proches ? » Vous pourrez peut-être alors commencer à voir qu'il y a des raisons à votre attachement : la personne vous est chère parce qu'il ou elle a fait ceci ou cela pour vous, etc. Ensuite, vous vous demanderez si ces caractéristiques sont permanentes et si la personne restera identique à elle-même. Vous devrez peut-être admettre que ce n'est pas toujours le cas. Une personne peut être votre amie aujourd'hui mais pourrait devenir votre ennemie demain. C'est vrai du point de vue bouddhiste qui prend en compte plusieurs vies antérieures — quelqu'un qui vous est très cher dans cette vie aurait pu être votre ennemi dans une vie antérieure. Il n'y a pas de raisons sérieuses d'éprouver un tel attachement.

De même, tournez-vous vers la personne que vous n'aimez pas et demandez-vous : « Pour quel motif est-ce que je ressens des émotions si négatives à l'encontre de cette personne ? » De nouveau, c'est peut-être parce qu'il ou elle a agi contre vous. Demandez-vous si cette personne sera votre ennemie durant toute sa vie. Ensuite, si vous tenez compte de la possibilité de plusieurs vies antérieures, vous prendrez conscience que cet individu a pu être très proche de vous dans une vie passée, de sorte que son statut d'ennemi est temporaire. Vous commencerez à vous apercevoir qu'il n'existe pas de motifs à une telle haine et une semblable colère contre lui.

Enfin, considérez celui envers lequel vous n'éprouvez que de l'indifférence. Si vous posez la même question, vous découvrirez que celui qui compte si peu dans votre existence a peut-être joué un rôle pour vous dans des vies antérieures et comptera peut-être à l'avenir ou dans votre vie présente. Ce genre de visualisation aide à stabiliser les émotions fluctuantes que l'on éprouve envers les autres. Cela permet d'établir une base solide sur laquelle on peut construire une relation plus équilibrée.

Gyaltsap Rimpoché a fourni une analogie remarquable qui explique ce point. Il compare la sérénité à un sol fertile sur un terrain plat. Une fois que vous avez aplani le terrain et labouré la terre, vous humectez le sol avec l'humidité de l'amour, après quoi vous pourrez planter la graine de compassion. Si vous l'entretenez, la jeune plante de *bodhicitta*, l'intention altruiste, poussera naturellement. Je trouve cette métaphore très belle.

Si nous pensons de cette manière et que nous nous posons des questions sur nos émotions sous divers angles, nous nous apercevons que les émotions extrêmes que nous ressentons envers les autres et les comportements qu'elles suscitent sont peu équilibrés.

PENSER AUX AUTRES COMME À UN ÊTRE CHER

Après avoir cultivé la sérénité, nous sommes en mesure de commencer le premier stade de la pratique en sept points, qui consiste à cultiver le fait de penser aux autres comme étant aussi chers que votre mère, votre père, ou un ami. Ici, les enseignements tiennent compte de l'idée de vies antérieures sans commencement, de sorte que les autres êtres sensibles sont considérés comme ayant été notre mère, notre père ou notre ami à un moment ou à un autre. C'est de cette façon que nous essaierons d'établir des relations et de développer une solidarité.

Cette pratique est, par tradition, considérée comme très importante parce que les mères jouent un rôle prédominant en nourrissant et en élevant leurs enfants. Dans certaines espèces animales, le père et la mère s'occupent ensemble de leurs petits, mais dans la plupart des cas, c'est surtout la mère. Il existe des exceptions. Pour certaines espèces d'oiseaux, la mère participe à peine à la construction du nid ; c'est le mâle qui travaille à sa fabrication tandis que la femelle surveille le résultat. Il semble juste que le mâle prenne une plus grande responsabilité dans le processus d'élever les enfants, mais de tels cas sont rares.

Les papillons offrent aussi un exemple intéressant. La femelle pond son œuf. Il n'y a aucune possibilité qu'elle rencontre son enfant lorsque la chenille apparaîtra, pourtant elle prend soin de pondre ses œufs en un lieu très sûr, avec de la nourriture, une protection naturelle, etc. Nous ne pouvons pas affirmer que ces animaux éprouvent de la compassion au sens où nous l'entendons, mais quelle que soit la raison de cette attitude, qu'elle soit biologique, ou l'effet d'un processus chimique, ou de la compassion, les mères se donnent un mal infini pour assurer la sécurité et le bien-être de leurs petits.

C'est pourquoi les textes traditionnels indiens et tibétains choisissent les mères comme exemples de relations avec d'autres êtres. La langue tibétaine a inventé une expression spéciale, « êtres sensibles comme sa chère vieille mère », et l'expression est si incrustée dans le psychisme des gens qu'elle prend une résonance poétique. Aujourd'hui, chaque fois qu'on soulève la question des genres dans le contexte de la culture tibétaine, je réponds que, pour moi, l'idée et l'expression de « êtres sensibles comme sa chère vieille mère » est un bon exemple de la manière dont la mère est valorisée dans la culture bouddhiste. L'expression « êtres sensibles comme sa chère vieille mère », *ma gen sem chen tam che*, a une connotation poétique et plutôt sentimentale, tandis que si vous remplacez la mère par le pronom masculin, *pa gen sem chen tam che*, cela ne sonne pas bien. En effet, « cher vieux père » en tibétain a la connotation négative de quelqu'un d'insupportable et d'irresponsable.

Dans la littérature traditionnelle, il est entendu que cette reconnaissance profonde de tous les êtres sensibles comme s'ils étaient notre mère se fonde sur la notion de vies successives, de sorte que la question de la renaissance et des vies antérieures est posée ici. Les enseignements bouddhiques insistent sur le besoin de comprendre la possibilité de renaître fondée sur la compréhension de la nature de la conscience. La conscience est un phénomène qui émerge à partir d'un moment passé de conscience. La matière ne peut pas devenir conscience. En ce qui concerne la connection entre l'esprit et la matière en général, l'un peut contribuer à la production de l'autre mais, sur le plan d'un continuum individuel, la conscience est causée par un moment antérieur de prise de conscience. Tout le monde parle de conscience et d'esprit, de pensées et d'émotions, etc., mais pour le bouddhisme, la conscience se définit comme « ce qui est de la nature de pure connaissance lumineuse ». C'est la faculté de connaître et de la conscience fondamentale. Il est bien de parler de ces choses en général, mais je crois personnellement qu'une véritable compréhension du sens de la conscience ne peut provenir que de l'expérience. Je ne pense pas que les discussions intellectuelles ni les descriptions puissent à elles seules exprimer le sens de la conscience. A mon avis, une compréhension expérimentale de la conscience ou de l'esprit est indispensable.

La tradition tibétaine possède diverses techniques pour aider à développer une compréhension expérimentale du sens de la conscience. La tradition Dzogchen, par exemple, pratique l'observation de la nature de l'esprit : vous commencez par une sorte d'émerveillement. Vous autorisez ensuite vos pensées à surgir, et dans cet état neutre, vous observez l'activité de l'esprit.

De même, dans la tradition Sakya de l'union de la profondeur et de la clarté, on observe la nature de l'esprit en laissant le mental se reposer dans son état naturel. Ensuite on observe son activité. Dans les traditions Geluk et Kagyu, il existe des pratiques de

Mahamudra (le Grand Sceau) pour identifier l'esprit. Si vous vous engagez dans de telles pratiques, et si vous expérimentez un certain sens conscient, lorsque vous tenterez de saisir le continuum infini de la conscience, vous comprendrez quelque chose. Sinon, l'affirmation que chaque moment de conscience doit être précédé par un autre moment de conscience ne sera pas très convaincante. Vous avez besoin d'une expérience personnelle pour apprécier sa signification.

RÉFLEXION SUR LA BONTÉ DE TOUS LES ÊTRES

Le deuxième élément de la méthode de la cause et de l'effet en sept points consiste à réfléchir sur la bonté de tous les êtres. Pendant votre méditation, vous vous focaliserez sur la bonté des autres, surtout par rapport au contexte qu'ils ont été votre mère dans cette vie ou dans d'autres, ce qui conduit à l'idée : « Je dois les remercier pour leur bonté. Je dois reconnaître la bonté profonde qu'ils m'ont témoignée. » De semblables sentiments naîtront chez une personne qui a le sens de l'éthique et que nous qualifierons de « civilisée ».

Lorsque vous aurez admis les autres êtres comme votre chère vieille mère, vous vous sentirez proche d'eux. En partant de cette base, vous devez cultiver l'amour ou la « bonté aimante », définie traditionnellement comme le désir de voir les autres heureux.

Ensuite vous développerez la compassion, souhait que les autres soient délivrés de la souffrance. L'amour et la compassion représentent les deux faces d'une même pièce de monnaie.

L'ÉCHANGE ET L'ÉGALISATION DU MOI AVEC LES AUTRES

L'autre méthode de transformation de l'esprit consiste à échanger son moi et à le mettre au niveau des autres. Ici encore, le premier stade est le développement de la sérénité, bien que la signification de la sérénité dans ce contexte soit différente de celle que nous avons évoquée. La sérénité est dans ce cas considérée comme l'égalité fondamentale de tous les êtres : nous avons le désir spontané d'être heureux et de vaincre la souffrance, chaque être sensible désire la même chose.

A présent, nous allons tenter une exploration plus profonde pour comprendre ce que cette aspiration à la libération de la souffrance implique réellement. Elle ne provient pas d'un sentiment de vanité ou de notre propre importance ; de telles considérations ne jouent aucun rôle ici. Cette aspiration fondamentale naît en nous parce que nous sommes des êtres vivants conscients. En même temps, surgit la conviction qu'en tant qu'individu j'ai un droit légitime à accomplir mon désir. Si nous acceptons cela, nous pouvons appliquer le même principe aux autres et comprendre qu'ils partagent cette aspiration fondamentale. Si en tant qu'individu j'ai le droit de réaliser mon désir, les autres ont le même droit. Sur ces bases, on doit reconnaître l'égalité fondamentale entre tous les êtres.

Au cours de la pratique d'égalisation et d'échange avec les autres, tel est le stade durant lequel nous comprenons que nous et les autres sommes fondamentalement égaux. Le stade suivant consiste à réfléchir sur les désavantages des pensées trop égocentriques et sur leurs conséquences négatives, et sur les avantages de cultiver les pensées qui approuvent le bonheur des autres.

Comment y arriver ? Commençons par nous comparer aux autres. Il existe une égalité fondamentale entre nous-mêmes et les autres sur le plan de nos aspirations respectives au bonheur comme à surmonter la souffrance. Tous les êtres, y compris nous-mêmes, ont un droit égal à ces aspirations. Quelle que soit l'importance d'un individu, ou son peu d'importance au niveau social, il existe une égalité absolue sur le fait fondamental de désirer le bonheur et de vouloir surmonter la souffrance. La différence porte en réalité sur une question de nombres. Peu importe la situation d'un individu, son intérêt est celui d'un seul, tandis que celui des autres concerne un nombre d'êtres infini.

Quel est le plus important ? Du point de vue numérique, si nous sommes justes, nous devons accepter que l'intérêt des autres compte davantage que le nôtre. Même dans le monde social, les problèmes qui concernent la vie de beaucoup de gens sont généralement plus importants que ceux qui concernent un petit nombre ou un seul individu. Logiquement, nous devons donc admettre que le bien-être des autres pèse d'un poids plus lourd que le nôtre. En étant rationnel ou objectif, nous pourrions affirmer que sacrifier l'intérêt d'un grand nombre pour le bien d'une seule personne est peu raisonnable et même stupide, tandis que sacrifier l'intérêt d'une seule personne pour le bien d'un nombre infini de gens est plus rationnel.

Vous pensez sans doute que cela est bien beau. A la fin de la journée, vous êtes « moi » et les autres sont « l'autre ». Si le moi et les autres étaient indépendants et qu'il n'y avait pas de lien entre eux, il serait peut-être normal de ne pas tenir compte des autres et de rechercher seulement notre propre intérêt. Tel n'est pas le cas car moi et les autres ne sont pas réellement indépendants. Nos intérêts respectifs s'entremêlent.

Du point de vue bouddhiste, même si vous n'avez pas atteint l'éveil, votre vie est tellement imbriquée avec celle des autres que vous ne pouvez pas vous déterminer comme un individu isolé. Lorsque vous suivez une voie spirituelle, de nombreux acquis dépendent de vos rapports avec les autres. Là encore, les autres sont indispensables. Même lorsque vous avez atteint le plus haut degré de l'éveil, vos activités tendent au bénéfice des autres. L'activité éveillée naît spontanément du fait que d'autres êtres existent : les autres sont indispensables, même à ce niveau. Votre vie et celle des autres sont si entremêlées que l'idée d'un moi distinct et indépendant des autres n'a pas de sens.

Quoique ce soit la réalité, cela ne s'exprime pas dans notre comportement. Jusqu'à maintenant, nous avons cultivé en nous un système de pensées narcissiques. Nous croyons que le noyau de notre être est très précieux. Nous croyons notre existence en tant qu'individu pourvue d'une réalité indépendante. La croyance qu'il existe un moi véritable et l'amour de notre propre intérêt au détriment des autres sont les deux principales pensées et émotions cultivées au cours de nos vies antérieures. Pour quel résultat ? Quel bienfait cela apporte-t-il ? Nous continuons à souffrir et à éprouver des pensées et des émotions négatives ; notre amour de nous-même ne nous a pas conduits très loin. De même, si nous transférons notre attention au monde et aux autres, aux crises que traverse le monde, aux difficultés, aux souffrances, etc., nous constatons que la plupart de ces problèmes sont les conséquences directes ou indirectes d'états mentaux négatifs indisciplinés. D'où viennent-ils ? D'une combinaison d'égocentrisme et de certitude en l'indépendance de notre existence. Si l'on transfère notre attention au monde extérieur, on peut apprécier les conséquences destructrices de cette manière de penser.

Ces attitudes sont défavorables, même d'un point de vue égoïste. Nous pouvons nous demander : « Quel bienfait, est-ce que moi, en tant qu'individu, je retire de mon égocentrisme et de l'indépendance de mon moi ? » Si l'on réfléchit profondément, on se rend compte que la réponse est : « Très peu ! »

L'avidité personnelle est source de souffrance et de malheur. La littérature bouddhiste s'exprime abondamment sur ce sujet. J'ai assisté il y a deux ans en Amérique à une conférence médicale où un psychologue présentait les résultats d'une recherche qu'il poursuivait depuis longtemps. L'une de ses conclusions affirmait la corrélation entre une mort précoce, une tension élevée et une maladie de cœur d'une part, et l'emploi exagéré de pronoms à la première personne (« je », « moi », et « mien »). J'ai trouvé cette conclusion très intéressante. Même les études scientifiques paraissent suggérer qu'il existe une corrélation entre un égocentrisme excessif et une atteinte à notre bien-être physique. A ce propos, une expression vient d'être créée en tibétain, *nga rinpoche*, qui signifie « Moi, l'être précieux ». Cela peut sembler étrange, mais c'est une expression significative.

Si au contraire, on transfère sa focalisation de soi-même sur les autres et que l'on cultive l'idée d'être sensible au bien-être des autres, cela aura pour effet immédiat de nous aider à ouvrir notre vie pour aller vers les autres. En d'autres termes, la pratique de cultiver l'altruisme exerce un effet bénéfique non seulement du point de vue religieux mais aussi du point de vue social, non seulement sur le plan d'un long développement spirituel mais aussi en termes de récompense immédiate. A partir de mon expérience personnelle, j'affirme que lorsque je pratique l'altruisme et que je m'occupe des autres, je deviens plus calme, plus confiant. L'altruisme entraîne des bienfaits immédiats.

Il en va de même quand on prend conscience que le moi n'est pas une entité indépendante, et qu'on commence à percevoir la relation de dépendance du moi à l'égard des autres. Bien qu'il soit difficile d'affirmer que la réflexion sur ce thème engendrera une réalisation spirituelle, cela produira au moins un certain effet. Votre esprit sera plus ouvert. Vous commencerez à évoluer. Même à court terme, un effet bénéfique positif transférera l'égocentrisme vers la focalisation sur les autres et remplacera la croyance en l'existence indépendante du moi par la croyance en l'origine dépendante du moi.

En résumé, je suis d'accord avec ce texte de Shantideva :

Quel besoin d'en dire plus ?
Les esprits puérils travaillent pour leur propre
[bien-être,
Les bouddhas travaillent pour le bien-être des autres.
Regardez simplement la différence entre eux.

Si je n'échange pas mon bonheur
Pour la souffrance des autres,
Je n'atteindrai pas l'état de bouddhéité
Et même dans le Samsara je n'aurai pas de joie vraie.

La source de toute la misère du monde
Est de ne penser qu'à soi ;
La source du bonheur du monde
Est de penser aux autres.

QUESTIONS

Question : Si la sagesse et la compassion forment les caractéristiques naturelles de l'esprit éveillé, pourquoi faire tant d'efforts pour les cultiver ?

SSDL : Prenons l'exemple d'une graine. La graine a le potentiel de devenir plante, tant que nous la plantons dans une bonne terre, la fertilisons, l'arrosons, la maintenons à la bonne température, etc. Nous acceptons l'idée du potentiel de la graine. Pourtant il s'agit d'un processus compliqué qui demande beaucoup de soins afin que la graine devienne une plante à maturité. Il en va de même pour nous. L'autre raison est que les aspects négatifs de notre esprit sont profondément implantés en nous.

Question : Comment distinguer l'altruisme de la passivité ?

SSDL : Il est important de comprendre que lorsque nous parlons d'altruisme et du bien-être des autres, cela ne signifie pas que nous éliminions notre propre intérêt, que nous nous négligions ou que nous devenions une non-entité passive. Ce serait un malentendu. Le genre d'altruisme qui se concentre sur le bien-être des autres résulte d'un état mental courageux, d'un comportement ouvert et d'une forte conscience de soi — si forte que la personne est capable de mettre au défi l'égocentrisme qui tend à régir notre vie. Afin d'y parvenir, nous avons besoin d'un sentiment positif de nous-mêmes et d'un courage véritable car ces tendances négatives sont profondément implantées en nous. Je répète qu'un *bodhisattva*, une personne qui incarne cet idéal altruiste, paradoxalement, est quelqu'un qui possède une grande conscience de soi. Sans cette conscience, il ou elle ne pourrait atteindre ce niveau d'engagement et de courage. Il ne faut pas penser que l'intention altruiste correspond à l'état passif de vœux pieux.

Question : Lorsque Votre Sainteté parle du contrôle des émotions, en Occident, cela peut signifier une répression ou une suppression des émotions. Comment aborder cette pratique d'un cœur léger ?

SSDL : Il est vrai que la répression peut être négative et destructrice, surtout si un sentiment de ressentiment et de colère est associé à une expérience douloureuse dans le passé. Si c'est le cas, l'expression de ces sentiments peut nous libérer. Un proverbe tibétain dit que, lorsqu'une conque est bloquée, on peut la déboucher en soufflant dedans. Le bouddhisme admet qu'il vaut mieux exprimer certaines formes d'émotion reliées à des expériences passées douloureuses. En général, il semblerait, du point de vue bouddhiste, que les émotions négatives comme la colère et la haine sont telles que plus on les exprime, plus elles se renforcent. Si vous n'admettez pas que leur nature est destructrice, et si vous les considérez comme des aspects naturels du psychisme qui vont et viennent, laissant le processus suivre son cours, ce type de relations incontrôlées joint à des émotions négatives peut vous rendre de plus en plus vulnérable aux éclats émotionnels. En revanche, si vous discernez leur potentiel destructif, cette reconnaissance peut vous distancier de ces émotions. Graduellement, leur pouvoir diminuera.

Question : Pourquoi faut-il préférer et encourager les pensées et les émotions positives au détriment des négatives ? Ne sont-elles pas également transitoires et sans existence indépendante ?

SSDL : La raison pour laquelle les pensées et émotions positives doivent être préférées et encouragées au détriment des négatives est que, bien qu'également transitoires et dépourvues d'existence, les pensées et les émotions négatives provoquent de la souffrance et suscitent des expériences pénibles, tandis que les positives produisent du bonheur. Et le bonheur est ce que nous recherchons. Bonheur et douleur demeurent en perpétuel changement. Si l'on suit cette logique, il n'est pas nécessaire de rechercher le bonheur et d'essayer d'éviter la souffrance ! S'ils changent d'un instant à l'autre, nous pouvons aller nous reposer en attendant le changement. Je ne pense pas que cela soit un bon comportement. Mieux vaut essayer délibérément de tenter de produire le bonheur tout en surmontant les causes de la souffrance.

Question : Sur le chemin spirituel, nous essayons d'abandonner tout narcissisme. En Occident, beaucoup de gens ne s'aiment pas au point de développer des dépressions chroniques et de se suicider. Comment gérer ces problèmes ?

SSDL : Pour moi, ce concept de haine de soi ne signifie pas que la personne ne s'aime pas. Je pense qu'à la source de la haine de soi il doit y avoir trop de narcissisme ou d'attachement à soi-même. Nos espoirs en nous-mêmes sont si élevés que, lorsqu'ils sont déçus, ils provoquent une frustration intense qui met en mouvement une dynamique négative.

Je pense qu'il est très important de ne pas mal interpréter ce que signifie l'enseignement bouddhique avec l'idée de surmonter nos comportements narcissiques. Nous ne disons pas qu'un pratiquant spirituel doit abandonner l'accomplissement de soi. Nous lui conseillons plutôt de surmonter l'égoïsme mesquin qui nous rend indifférents au bien-être des autres et à l'impact que nos actes peuvent avoir sur eux. C'est cette sorte d'égoïsme qui est visé, non l'égoïsme qui cherche à réaliser nos intérêts les plus profonds. Le *bodhicitta* est défini comme l'intention altruiste d'atteindre l'éveil pour le bienfait de tous les êtres sensibles. Cet idéal repose sur la reconnaissance que l'éveil est nécessaire non seulement pour être capable d'aider les autres, mais aussi pour le perfectionnement de notre propre nature. *Bodhicitta* implique donc la nécessité de réaliser notre intérêt véritable.

Si les enseignements bouddhiques sur l'altruisme

suggéraient vraiment la négation de notre propre intérêt et son abandon, cela impliquerait que nous ne devons pas travailler pour le bien des autres, parce que, selon le bouddhisme, l'une des conséquences du soutien aux autres est l'aide que cela nous apporte à nous-mêmes. Cela signifierait que nous ne devons travailler ni pour les autres ni pour nous-mêmes.

De même, si nous examinons la littérature classique du *bodhicitta*, dans le *Continuum sublime (Ratnagotravibhaga)*, Maitreya affirme que les êtres sensibles sont égaux parce qu'ils possèdent la nature du Bouddha. Cela veut dire que nous avons en nous le germe de bonté d'un bouddha et la compassion d'un Bouddha envers tous les êtres vivants. Par conséquent, le potentiel d'éveil et de perfection réside en chacun de nous. Le but de cet enseignement est d'induire chez le pratiquant un profond courage et le goût de l'effort. Si tel n'était pas le cas, les contemplations sur l'égalité fondamentale de tous les êtres n'auraient pas de sens.

Question : Parfois, la colère que je ressens est fondée sur la peur. Lorsque je suis en colère, je me sens plus fort. Ensuite je n'ai plus peur. Comment dois-je interpréter cela ?

SSDL : C'est vrai. Nous avons tous partagé cette expérience. Vous ressentez une énergie, un certain pouvoir quand vous êtes en colère. En réalité, il s'agit d'un pouvoir aveugle. L'énergie de la colère n'est pas positive, elle peut être destructrice : on ne sait dans quel sens elle se manifestera. Une extrême colère peut vous conduire à vous suicider, ce qui serait fâcheux. Il s'agit d'une énergie aveugle.

Si vous êtes conscient du danger que la colère suscite, essayez d'examiner votre colère. Il faut considérer l'objet de votre colère. Par exemple, si elle est dirigée contre une certaine personne, vous devriez penser aux qualités de cette personne, cela pourrait réduire votre émotion. Si votre colère est le résultat d'une expérience douloureuse que vous avez subie ou si elle est causée par une crise mondiale ou une catastrophe, alors il existe un fondement légitime à votre colère. Mais même en ce cas, il faut réfléchir, car il n'y a aucun avantage pour nous à se mettre en colère.

Question : Votre Sainteté, nous avons été très intéressés par votre analyse sur la situation tragique du Kosovo. Voulez-vous nous donner votre opinion sur la justification de la violence en tant que légitime défense dans un cas individuel, ou à l'échelle nationale, dans le contexte d'une guerre défensive ?

SSDL : En théorie, la violence et la non-violence représentent des méthodes ; la motivation et les buts importent plus que la méthode pour déterminer si un acte est correct. C'est pourquoi, avec la motivation sincère d'atteindre un but bénéfique, dans certaines circonstances, la violence pourrait se justifier. Mais sur un plan pratique, je pense que l'une des caractéristiques majeures de la violence est qu'elle est imprévisible, de sorte que quand vous vous laissez emporter par elle, cela crée des complications, entraîne des effets secondaires qui n'étaient pas prévus à l'origine. La violence produit sans fin une contre-violence qui entraîne une grande douleur et beaucoup de souffrances. La situation au Kosovo correspond à ce processus. C'est pourquoi je pense qu'il est préférable d'éviter la violence.

A un niveau plus profond, la démarcation entre la violence et la non-violence dépend de la motivation. Si nous sommes sincèrement motivés par la compassion, une parole ou un geste durs sont essentiellement non violents. Avec une motivation négative, telle que le désir de tricher, de tromper et d'exploiter, les mots et les actions apparemment amicaux sont violents. La motivation est le facteur essentiel. Sous cet angle, toute action motivée par la haine est violente.

En théorie, telle est la différence entre violence et non-violence. Si quelqu'un vous attaque et menace votre vie, il vous faut évaluer son comportement. Si quelqu'un vous blesse en ce moment même, non seulement vous devez vous défendre mais il faut tenter de provoquer une action appropriée de l'autre personne afin de contrer son agression. Il vous faut mesurer la situation. S'il s'avère que les contre-mesures contre cette menace sont inefficaces, il faut rechercher un autre moyen d'affronter le problème. Si votre vie est menacée, vous devez prendre la fuite aussi vite que possible ! Si vous êtes acculé, s'il n'y a pas d'autre moyen et que vous possédez une arme à feu, vous devrez viser le corps de votre adversaire sans le blesser grièvement, afin de sauver votre vie.

De telles situations sont difficiles. Mais quelle que soit la manière dont nous nous défendons, nous ne devons pas laisser la haine contre l'autre nous envahir. Nous devons essayer d'agir envers lui avec un sentiment sincère d'intérêt et de sympathie.

Question : Si tout résulte de la cause et de l'effet, d'où vient le libre arbitre ?

SSDL : Lorsque nous parlons de la cause et de l'effet, nous nous référons à un principe universel qui s'applique à tous les événements et à ce qui est animé et inanimé. Dans ce contexte, nous découvrons un autre degré de causalité qui concerne les êtres vivants. Chez les êtres humains, par exemple, il y a des actions où l'individu s'engage consciemment, avec une certaine intention sujette à ce qu'on nomme la loi karmique de la cause et de l'effet. Mais bien que la loi du karma soit un exemple de la loi générale de la cause et de l'effet, elle s'applique aux actes intentionnels, à des actions accomplies par des agents conscients, de sorte que la motivation de l'individu forme une partie intégrante du processus de causalité. Cela indique que l'individu a un rôle actif à jouer pour déterminer le cours de la situation.

Nous sommes souvent sujets à de puissantes émotions et pensées négatives. Sur ce plan, nous n'avons pas de liberté. Mais cela ne veut pas dire que les individus n'aient pas leur rôle à jouer pour modeler leurs intentions. Le rôle actif de l'individu tient à son libre arbitre. Il existe un autre domaine où le libre arbitre joue un rôle. Par exemple, même si une personne a commis une action karmique et a planté une graine dans un but spécifique, afin que cette cause produise son effet, la raison initiale ne suffit pas — elle a besoin de conditions spéciales pour l'activer. Les individus ont le choix : ils peuvent s'assurer que ces conditions ne soient pas remplies.

Question : Il existe de nombreuses causes valables. Comment décider à laquelle se consacrer ?

SSDL : C'est à vous de décider, de faire votre choix ! Je n'ai rien à dire. Bien sûr, il faut se fonder sur ses capacités et faire ce dont on est capable.

Question : De nombreux êtres humains encore dans le *bardo* sont prêts à s'incarner dans une précieuse forme humaine, mais la Terre est surpeuplée. Je suis un pratiquant bouddhiste laïque, quelle devrait être ma motivation correcte si j'envisageais d'avoir un enfant ?

SSDL : Eh bien, cela dépend de vous. Si vous désirez vraiment des enfants, il faut les concevoir, et vous devez vous en occuper. Vous devez prendre soin de l'enfant et bien l'élever. Mais si vous pensez que c'est trop dur et que vous ne voulez pas d'enfants, vous n'avez pas besoin d'en avoir.

Chapitre 3

La transformation par la pénétration de l'esprit

Parmi les méthodes qui permettent de développer un sentiment de solidarité avec les autres, il existe un élément clé pour développer la compassion : approfondir notre pénétration de la nature de la souffrance. La tradition tibétaine maintient que la contemplation de la souffrance est plus efficace lorsqu'elle est fondée sur notre expérience personnelle, et centrée sur nous-mêmes, parce que en général nous nous nous identifions plus facilement à notre propre souffrance qu'à celle des autres. C'est pourquoi deux des éléments principaux de la voie bouddhique, la compassion et le renoncement, représentent, comme je l'ai dit, les deux faces d'une même pièce de monnaie. Le renoncement surgit lorsqu'on effectue une véritable pénétration par l'esprit de la nature de la souffrance, focalisée sur nous-mêmes, et une vraie compassion lorsque cette focalisation se fixe sur les autres ; la différence réside dans l'objet de la focalisation.

Nous avons fait allusion plus haut aux trois niveaux de souffrance selon l'enseignement bouddhique : la souffrance de la souffrance, la souffrance du changement, et la souffrance du « conditionnement envahissant ». J'ai mentionné que, dans le contexte de l'entraînement à la compassion et au renoncement, nous nous référons au troisième niveau de souffrance.

Au premier niveau — la douleur physique et d'autres souffrances évidentes — nous constatons que les animaux ont la capacité d'éprouver ces expériences, et qu'ils sont capables de ressentir un soulagement, même temporaire, par rapport à certaines souffrances. Quant à la souffrance du changement, la deuxième, elle se réfère aux expériences que nous reconnaissons comme apportant du plaisir ou du bonheur. Ces expériences sont sujettes à la souffrance du changement parce que, plus on s'y complaît, plus elles provoquent un manque de satisfaction. Si elles produisaient un bonheur durable, plus on en jouirait, plus longue serait l'expérience heureuse, mais tel n'est pas le cas. Le plus souvent, ce qui ressemble à un plaisir et qui, au début, semble être le bonheur, se transforme en souffrance et mène à la frustration. Même si cette expérience est par convention appelée le bonheur, dans un autre sens, elle inclut la nature de la souffrance. Si l'on examine la nature des sensations de plaisir, on constate leur dimension relative ; nous avons tendance à qualifier de plaisante une sensation en la comparant à une expérience de souffrance intense qui vient de s'achever. Ce que nous appelons « plaisir » ou « bonheur » évoque plutôt l'absence temporaire de souffrance et de douleur intenses.

Tel n'est pas le sens profond de la souffrance dont

parle le bouddhisme. La souffrance du changement est reconnue par d'autres traditions spirituelles ; il existe des méthodes communes aux traditions bouddhistes et indiennes qui permettent de reconnaître ces expériences comme une souffrance et d'obtenir un soulagement temporaire. Ces méthodes incluent des techniques méditatives variées, le développement d'états mentaux par absorption méditative, contemplation, etc.

C'est le troisième niveau de souffrance, appelé « la souffrance du conditionnement envahissant », dont nous traitons. La souffrance du conditionnement se trouve à l'origine de deux autres genres de souffrance. La nature de notre existence même résulte du karma, d'illusions et d'émotions douloureuses. En tant qu'êtres non éveillés, notre existence passe pour être insatisfaisante — ou *duhkha*, c'est-à-dire souffrance. Par la pratique de la compassion et du renoncement, nous avons besoin de développer un véritable désir de libération de ce troisième niveau de souffrance ; ce désir ne pourra naître que si nous comprenons la nature de la souffrance et ses causes.

Lorsque nous présentons les Quatre Nobles Vérités dans le contexte de leur évolution logique, la deuxième, qui est l'origine de la souffrance, devrait passer en premier tandis que la première, celle de la souffrance, devrait s'inscrire en deuxième. La troisième est la voie, et la quatrième, la délivrance. Le Bouddha a inversé cet ordre quand il s'agit du développement de la pénétration de l'esprit d'un être. Dans ce contexte, il enseigna d'abord la souffrance, parce que lorsqu'elle sera familière, on cherchera ce qui l'a causée, et ensuite s'il est possible de s'en délivrer. Lorsqu'on prend conscience que la délivrance serait peut-être une possibilité, on analyse la quatrième vérité, la vraie voie grâce à laquelle peut s'accomplir la délivrance. La vraie délivrance est possible, fondée sur la compréhension directe de la nature ultime de la réalité.

Dans mon cas personnel, j'ai commencé par m'intéresser sérieusement à la vacuité il y a une trentaine d'années, et, par la contemplation, l'étude et la méditation, je suis parvenu à un point où j'ai entrevu ce que cela pouvait être, mais je ne peux affirmer avoir eu une perception directe de la vacuité. J'ai confié à quelques collègues que si je parvenais au point d'obtenir une délivrance véritable, je prendrais alors de longues vacances ! Je leur ai dit qu'à ce stade, je pourrais me permettre un long repos parce que la délivrance véritable n'est pas seulement le soulagement temporaire de la souffrance et de ses causes, mais leur élimination totale. La nature de la délivrance est telle que même si vous vous trouvez en contact avec des circonstances qui en temps ordinaire produisent des pensées et des émotions négatives, il manque la base pour qu'elles puissent naître. Tel est le sens de la délivrance véritable.

Si vous entreprenez une contemplation profonde de la nature de la souffrance, de ses causes, et du fait qu'il existe des antidotes puissants contre celles-ci, en réfléchissant à la possibilité de vous libérer de la souffrance et de ses causes, vous serez capable de susciter un vrai renoncement du plus profond de votre cœur, car vous aspirerez à gagner la délivrance de la souffrance. A ce stade, vous aurez la sensation d'être épuisé par votre expérience d'existence « non éveillée » et par le fait que vous vous trouvez sous la domination de pensées et d'émotions négatives.

Après avoir éprouvé l'aspiration à vous libérer de cette sorte d'existence, vous pourrez transférer cette aspiration à d'autres hommes et vous focaliser sur la souffrance des autres semblable à la vôtre. Si vous combinez cela avec les réflexions mentionnées plus haut — reconnaître tous les êtres sensibles comme des mères bien-aimées, en évoquant leur bonté, avoir conscience de l'égalité fondamentale entre soi et les autres — alors il existe une réelle possibilité qu'une véritable compassion naisse en vous. A ce moment seulement, vous éprouverez le désir authentique de venir en aide aux autres.

Tandis que croîtront votre expérience et votre compréhension, votre attitude envers les Trois Joyaux — Bouddha, dharma et sangha — changera. Le respect que vous avez pour le Bouddha s'approfondira, puisque vous vivrez une meilleure compréhension de son enseignement, le dharma, et en particulier, la signification de la délivrance et la voie qui y conduit. Le Bouddha n'est pas seulement le maître qui a dispensé cet enseignement, mais il incarne ces admirables principes spirituels. Votre admiration pour le

Sangha, la communauté des fidèles, deviendra de plus en plus forte, puisqu'elle représente aussi le dharma. Tel est le sens de « prendre refuge » dans Bouddha, dharma et sangha.

Ainsi que le préconise le lama Tsongkhapa dans son *Eloge de l'origine dépendante* :

En enseignant ce que vous avez vu vous-même
Vous êtes la sagesse suprême du maître
Je vous rends hommage, tel que vous avez vu
Et propagé l'origine dépendante de Bouddha.

Si l'on s'engage dans cette direction, on découvre que l'on a construit des fondations suffisamment stables pour que la pratique réussisse. Ce n'est pas comme si vous choisissiez une chose à la fois pour y concentrer toute votre énergie. Il se développe plutôt une vue d'ensemble de la voie. Lorsqu'on se concentre sur un aspect particulier, saisir l'ensemble d'une structure enrichit cette pratique.

En poursuivant ce chemin, vous commencerez aussi à évaluer la valeur de la vie humaine, combien elle est précieuse, et le fait qu'en tant qu'êtres humains nous avons la capacité de réfléchir à ces questions et de suivre une pratique spirituelle. Alors vous apprécierez un point sur lequel de nombreux grands maîtres tibétains ont insisté : il ne faut pas gaspiller l'opportunité qui nous est offerte dans cette vie, parce que la vie est si précieuse et si difficile à réussir. Comme la vie a une valeur il est essentiel de lui donner un sens, ici et maintenant, puisque, par sa nature même, elle est transitoire. C'est ainsi que vous pouvez réunir les éléments des différentes pratiques spirituelles afin qu'elles exercent un effet cumulatif sur votre pratique quotidienne.

Nous pouvons entraîner notre esprit en cultivant la double aspiration d'aider les autres et d'atteindre la bouddhéité pour leur bien. En combinant ces deux buts, nous sommes capables de faire naître *bodhicitta*, expression ultime du principe altruiste et source de toutes les qualités spirituelles.

LA RAISON, LA FOI ET L'EXPÉRIENCE

Il peut y avoir quelques points de la doctrine bouddhiste dont la validité devra être reconnue, au stade initial, sur la base du témoignage d'une tierce personne. Mais en général, l'approche bouddhiste consiste à fonder notre compréhension sur notre propre raisonnement et notre expérience personnelle. Le bouddhisme n'affirme pas que le Bouddha est grand parce qu'il était éveillé, et que, parce qu'il a enseigné le dharma, il faut y croire. Au contraire, notre démarche revient à développer en premier lieu notre admiration pour le dharma, fondée sur l'appréciation de la valeur de la voie spirituelle. Cela se cultive par une compréhension plus approfondie des enseignements essentiels basée sur notre expérience personnelle et notre raison. A partir de cette base, nous pouvons ressentir une profonde admiration pour le Bouddha en tant que la personne qui a enseigné et incarné le dharma. Ainsi la validité du Bouddha en tant que maître spirituel est-elle justifiée par la validité de son enseignement.

La validité du Bouddha en tant que maître spirituel peut être utilisée comme base de la validité de certains points de la doctrine. Cela concorde avec la conception bouddhiste qu'il existe différentes catégories de phénomènes. De nombreux phénomènes nous paraissent évidents. Certaines choses ou événements nous sont accessibles : nous pouvons les voir, les toucher, les sentir, et prouver leur existence par notre expérience directe. Ce sont des phénomènes « évidents » ou « empiriques ».

Il existe une deuxième catégorie de phénomènes que l'on décrit littéralement comme « légèrement obscurcis » ou « légèrement cachés ». Bien que nous soyons peut-être incapables de les percevoir avec nos sens, nous pouvons déduire leur existence sur la base de preuves empiriques.

La troisième catégorie est qualifiée d'« extrêmement dissimulée » ou « extrêmement cachée ». Ce sont des faits existentiels qui demeurent cachés au stade initial de notre développement spirituel. A ce point, nous n'avons pas le moyen de les approcher ; ils ne sont accessibles ni par inférence ni par une perception directe. Concernant ces phénomènes, même dans le bouddhisme, nous serons obligés d'accepter leur validité sur la base du témoignage d'une tierce personne.

A ce propos, j'aimerais aborder un sujet que je crois commun à toutes les grandes religions : le besoin d'une foi centrée sur sa voie. On ne peut pas suivre deux voies en même temps. Cela inclut l'importance de notre engagement à notre voie.

Ce thème aborde la question de l'exclusivité contre le pluralisme des religions. En d'autres termes, celle d'une vérité à l'encontre de nombreuses vérités, d'une religion opposée à de nombreuses religions. Superficiellement, il semble qu'il y ait une contradiction entre les deux points de vue suivants : d'une part, accepter qu'il n'y a qu'une vérité et une seule vraie religion, et d'autre part, accepter la possibilité de vérités et de religions multiples. Je ne pense pas qu'il y ait contradiction véritable. Je suggérerais que du point de vue d'un pratiquant individuel, le principe d'une vérité et d'une religion unique est valide. Du point de vue de la société ou d'une communauté, le principe de vérités et de religions multiples est correct. Dans toute société, les êtres humains sont si divers et ont des mentalités si différentes que je ne pense pas qu'il y ait là de contradiction.

Il existe de nombreuses écoles de pensée différentes, même à l'intérieur du bouddhisme. Imaginons quelqu'un dont l'inclination philosophique serait de suivre l'école de la Voie du Milieu en soutenant que le point de vue philosophique ultime du Bouddha est le mieux représenté par la conception de la vacuité de la Voie du Milieu. Mais, en même temps, cette personne concède qu'il existe de nombreux points de vue dans l'enseignement du Bouddha, dont certains contredisent ceux de la Voie du Milieu.

De même, un disciple de l'école bouddhiste de l'Esprit Unique soutiendrait que son interprétation de la non-dualité du sujet et de l'objet représente la plus haute philosophie de l'enseignement du Bouddha et la véritable Voie du Milieu. Le point de vue de l'Esprit Unique convient mieux à la disposition philosophique de ce disciple. Il pourrait argumenter que les philosophes de la Voie du Milieu sont des nihilistes qui vont trop loin.

Les sources écrites utilisées par l'école de l'Esprit Unique, particulièrement leur source principale, le *Sutra déchiffrant l'intention de Bouddha (Samdhinirmocana Sutra)*, sont attribuées au Bouddha. A la lecture de ce texte, nous ne voyons pas le Bouddha dire : « Je dis cela pour votre bien, pour convenir à votre mentalité, mais j'exprime ailleurs ma propre opinion. » Il n'y a aucune indication en ce sens. Le Sutra paraît affirmer que les vérités qu'il contient représentent la réalité finale. En effet, il est dit qu'enseigner la vacuité à ceux qui ne sont pas prédisposés envers l'Esprit Unique peut leur causer du tort, car cela pourrait les conduire au nihilisme.

Ma conclusion est qu'il existe parmi les êtres humains une immense diversité de penchants spirituels et philosophiques. Pour beaucoup, le concept d'un Dieu créateur est fondamental, motivant et efficace en tant que noyau de leur croyance spirituelle.

L'idée de n'avoir qu'une seule vie, celle-ci, et d'être créé directement par le Créateur peut apporter le sentiment d'une relation très proche avec celui-ci. Cette intimité et ce rapport direct avec le Créateur sont si puissants qu'ils peuvent former une base solide pour mener une vie selon la morale. Plus on se sent proche du Créateur, plus l'effort sera intense pour vivre ses désirs.

Même parmi les monothéistes, il existe une grande diversité. Les chrétiens ont le concept de la Sainte Trinité, mais les musulmans n'ont pas cette croyance et préconisent un lien plus direct avec le Créateur. Cela suggère que les monothéistes eux-mêmes sont partagés entre différentes tendances spirituelles. Je pense que la clé de cette question, la voie pour vous, sera ce que vous trouverez de plus efficace et qui conviendra le mieux à votre tempérament et à votre penchant spirituel.

LA PÉNÉTRATION PAR L'ESPRIT OU LA COMPRÉHENSION DIRECTE DE LA NATURE ULTIME DE LA RÉALITÉ

Le concept du non-moi, c'est-à-dire le rejet de l'existence du moi, est commun à toutes les écoles bouddhiques. La raison pour laquelle on attache tant d'importance au rejet d'une âme ou d'un moi immortels dans les enseignements bouddhiques provient de ce que notre confusion et notre souffrance semblent émerger d'une perception erronée du moi, en particulier d'une croyance à l'existence d'un moi éternel, indépendant, au centre de notre être. C'est pourquoi un élément indispensable de la voie qui conduit à surmonter ces maux est de prendre conscience de la non-existence d'un tel moi.

Toutes les écoles affirment ce concept, mais quelques-unes vont plus loin que d'autres en soutenant que nous ne devons pas seulement rejeter l'existence indépendante et solide du moi, mais que nous devons projeter ce raisonnement sur tous les phénomènes, c'est-à-dire les objets de notre expérience. De même que le sujet est dépourvu de toute existence indépendante, de même le domaine de l'expérience, ou phénomènes, doit être considéré d'une manière identique. Ainsi ces écoles acceptent-elles la doctrine du non-moi appliquée aux phénomènes comme aux personnes.

Il existe spécifiquement deux écoles qui affirment cette théorie, l'école de l'Esprit Unique (Cittamatra) et l'école de la Voie du Milieu (Madhyamaka). L'école de la Voie du Milieu rejette en général toute idée d'un phénomène possédant une nature intrinsèque, en tant qu'existence ou identité. Lors d'une conférence que j'ai donnée à Londres, j'ai parlé de la philosophie du non-moi de la Voie du Milieu, c'est pourquoi je pense qu'il serait plus approprié aujourd'hui de traiter la compréhension de la nature de la réalité par l'école de l'Esprit Unique.

LA THÉORIE DE L'ÉCOLE DE L'ESPRIT UNIQUE

L'école de l'Esprit Unique conteste la caractérisation par l'école de la Voie du Milieu du non-moi comme absence d'existence intrinsèque ou d'identité intrinsèque. Les adeptes de cette école objectent que si l'on nie ces deux qualités, le principe d'émergence dépendante, fondamental à la philosophie bouddhiste, devient intenable. Si nous maintenons une compréhension cohérente de l'émergence dépendante, selon leur opinion, nous devons admettre qu'il y a des événements qui agissent entre eux et qui dépendent les uns des autres. Ils argumentent que les objets ont une existence intrinsèque et une nature intrinsèque.

Etant donné son opposition au rejet global par le Madhyamaka de l'existence intrinsèque, l'école de l'Esprit Unique doit trouver le moyen d'interpréter des passages des sutras de la *Perfection de la Sagesse (Prajnaparamita)* qui paraissent confirmer le point de vue du Madhyamaka ; ses adeptes l'accomplissent grâce à leur théorie des Trois Natures : l'absence d'identité intrinsèque doit être comprise différemment selon les contextes. Il existe une nature de phénomènes attribués à notre mental, simple élaboration de notre pensée : la nature attribuée (*parakalpita*). Cette nature attribuée serait dénuée de caractéristiques intrinsèques. Ensuite vient la nature dépendante (*paratantra*) des phénomènes qui possèdent une nature intrinsèque et sont dépourvus de production indépendante. Cela signifie qu'ils ne naissent pas seuls mais qu'ils sont le résultat d'autres causes et conditions. La troisième nature, la nature ultime (*parinispana*), est décrite comme la « vacuité ». Elle serait dépourvue d'identité absolue.

L'école de l'Esprit Unique caractérise cette nature ultime ou vacuité de deux manières différentes. D'un côté, elle est décrite comme le non-dualisme du sujet et de l'objet. Le dernier argument dans l'analyse finale est que celui qui perçoit et ce qui est perçu, le sujet et l'objet, sont non dualistes. C'est notre imagination qui implique leur séparation. En revanche, cette école affirme qu'avec une perception normale, nous avons tendance à considérer les objets comme s'ils comportaient une sorte de critère objectif qui en faisait des référents de notre langage et de nos concepts. Tel n'est pas le cas.

Par exemple, nous nous référons à un objet par un terme particulier et lui donnons un nom, mais l'objet lui-même n'existe pas pour sa part comme le référent de ce nom. Ce sont plutôt notre langage et notre pensée qui relient un terme conceptuel à cet objet. L'école de l'Esprit Unique argumente que la façon dont nous relions les mots et les concepts aux objets est relative, conditionnelle ou provisoire. Pourtant, nous ne nous comportons pas comme si c'était le cas. Si l'on nous demande : « Que signifie le mot corps ? » nous désignerons instinctivement un corps physique et nous répondrons : « Voici un corps. » Nous croyons qu'il y a là quelque chose d'objectivement réel qui en fait le référent du mot « corps » et des concepts associés. Selon l'école de l'Esprit Unique, ce n'est pas exact. La référence du mot « corps » à l'objet « corps » naît d'un système complexe de conventions. S'il y avait quelque chose d'objectivement réel dans la relation du mot et de l'objet, l'argument serait que nous devrions être capables d'avoir l'idée « Ceci est un corps » avant de le nommer par la pensée. Malgré cela, nous nous comportons comme si les choses contenaient une relation absolue avec les mots qui les désignent, et comme si elles avaient une réalité objective et indépendante qui justifiait que nous les nommions en ces termes.

L'école de l'Esprit Unique propose une manière d'aborder la nature la plus profonde de la réalité, grâce à un processus d'investigation de la nature des noms et des termes, des référents de ces termes, de la nature des phénomènes et des caractéristiques spécifiques des phénomènes. Cette approche est connue sous le nom des Quatre Recherches, ou Quête grâce aux Quatre Avenues. Cela donne lieu à une compréhension immédiate de quatre aspects des phénomènes, c'est-à-dire les termes, le référent, la nature, et les caractéristiques, et à une compréhension de leur nature ultime, c'est-à-dire le non-dualisme de l'objet perçu et de celui qui perçoit.

Bien que, dans notre conception naïve du monde, nous tendions à croire que les choses existent objectivement, en dehors de nous, telles que nous les percevons normalement, en réalité la perception d'un objet et ce même objet ne sont pas séparés. Ils forment les deux aspects du même phénomène. Ainsi cette école affirme-t-elle que ce que nous percevons comme la réalité extérieure de la matière n'est qu'une projection de notre esprit : celui qui perçoit et ce qui est perçu sont simultanés ; ils partagent la même réalité, émergent de la même source.

L'école de l'Esprit Unique explique ensuite la dynamique de ces perceptions diverses en nous attribuant des penchants différents. Elle démontre que le fait de percevoir un objet bleu tient à ce que nous sommes habitués à des perceptions répétées d'objets bleus. Le fait que nous considérions le bleu comme le référent du mot « bleu » tient à nos habitudes de langage et de conventions ; notre perception que l'objet bleu n'est pas seulement le référent du mot « bleu » mais qu'il existe aussi par lui-même, objectivement, est due à notre tendance à nous fixer sur l'idée de l'existence indépendante (en ce cas, l'existence de la couleur bleue). Enfin, la propension à considérer l'objet bleu comme indépendant de sa perception est l'expression de la « propension à l'existence non éveillée ». Parmi ces quatre expressions, les deux premières sont considérées comme valables, ainsi que leurs aspects correspondants de perception ; mais les deux dernières ainsi que les perceptions qui les accompagnent passent pour être erronées.

En fin de compte, le point de vue de l'école de l'Esprit Unique maintient que le sujet, l'objet perçu, et la faculté de perception (qualité réfléchie de la conscience) sont des aspects différents du même phénomène. C'est ainsi qu'elle établit sa compréhension de la nature ultime de la réalité comme le non-dualisme du sujet et de l'objet. Il existe une différence majeure dans la compréhension de la réalité ultime entre l'Esprit Unique et les autres écoles mahayanas. Mais au niveau de leur compréhension de la structure générale de la voie spirituelle, il n'y a pas de différence entre les écoles.

Pour quelqu'un qui s'intéresse à la philosophie bouddhiste, je crois qu'il est important de comprendre la conception de la réalité ultime de l'école de l'Esprit Unique. Nous devons prendre au sérieux leurs objections à la théorie de l'école de la Voie du Milieu. Ils prétendent que si l'on rejette toute notion d'existence, d'identité ou de nature intrinsèques, comme les Madhyamakas, on est tenté par le nihilisme. Il s'ensuit qu'une véritable compréhension de la philosophie de la vacuité de l'école de la Voie du Milieu n'est possible que si nous établissons une distinction entre la négation de l'existence intrinsèque et de l'identité des choses, et le rejet de l'existence *per se*. En d'autres termes, nous devons être capables de répondre aux critiques de l'école de l'Esprit Unique et défendre le rejet de l'être intrinsèque par la Voie du Milieu tout en ne niant pas entièrement l'existence.

Dans le vingt-sixième chapitre de sa *Sagesse fondamentale de la Voie du Milieu (Mulamadhyamakakarika)*, où il examine les Douze Liens d'origine dépendante, le maître Madhyamaka, Nagarjuna, s'efforce de défendre le rejet par la Voie du Milieu de l'existence intrinsèque en affirmant qu'il n'est pas nihiliste. Il existe une grande différence entre la vacuité et le néant, et entre le rejet de l'existence intrinsèque et le rejet de toute existence.

QUESTIONS

Question : Je peux accepter qu'en tant que pratique et but lointain nous puissions éliminer les émotions négatives par la compréhension directe de la vacuité. Mais lorsque nous nous trouvons aux prises avec la colère, comment peut-on la contrôler sur le moment ?

SSDL : Cela dépend de l'individu. Dans le cas d'un pratiquant qui a une expérience profonde du *bodhicitta*, un sens du renoncement au monde et une certaine compréhension de la vacuité, l'émergence de violentes émotions négatives comme la colère et la haine sera très rare. Même lorsqu'elles naissent, une telle personne sera capable de se souvenir instantanément de l'enseignement et de se connecter avec sa réalisation spirituelle qui pourra sur-le-champ réduire l'intensité de l'émotion négative.

Cependant, pour ceux qui, comme moi, n'ont pas accompli une réalisation aussi profonde, la meilleure méthode est de ne pas se trouver dans des situations ou des circonstances qui pourraient faire surgir de puissantes émotions négatives. On dit en général que, pour les débutants, la prévention est plus efficace que la confrontation ; c'est ce que je pense. A partir de votre expérience, vous êtes conscients du genre de circonstances qui peuvent provoquer de fortes émotions négatives. Vous devez faire de votre mieux pour les éviter. Néanmoins, quand de fortes émotions négatives comme la colère et la haine naissent en vous, vous pouvez peut-être les contrôler si elles n'ont pas explosé, mais si c'est le cas, vous n'y pouvez pas grand-chose. Ce que vous avez de mieux à faire est peut-être de crier de toutes vos forces !

Lorsque j'étais enfant et que je vivais au palais d'Eté de Norbulingka, au Tibet, les balayeurs du palais me disaient que chaque fois que j'éprouvais de la colère contre mes camarades je devais me mordre les poings. En y repensant, cela me semble un conseil avisé, parce que si l'on y réfléchit, plus votre colère sera intense, plus fort vous vous mordrez ! Cela vous réveillera et vous rappellera de ne pas vous mettre en colère, sous peine d'éprouver la douleur d'être mordu. En outre, la douleur aura un effet immédiat de diversion.

Question : Votre Sainteté, je voudrais tellement être meilleur, avoir de la compassion, me débarrasser de mes pensées et de mes actions négatives ! Mais plus j'y travaille, plus je commets de fautes, plus je régresse. J'ai l'impression de marcher dans de la vase. Avez-vous un conseil à me donner ?

SSDL : Personnellement, je pense que cela indique que vous avez pris mon conseil très au sérieux. En fait, la situation ressemble à celle d'une personne qui médite pour la première fois. Lorsque vous vous immobilisez pour vous asseoir, pour réfléchir et essayer de méditer, vous vous apercevez que vos pensées évoluent sans cesse, et que votre esprit éprouve tant de distractions que c'est comme si la méditation vous distrayait encore davantage. C'est un bon signe, le signe que vous commencez à progresser.

La transformation de l'esprit n'est pas facile. Cela prend du temps ; vous ne devez donc pas perdre courage, il faut continuer. Pour vous aider dans votre démarche, ne prévoyez pas un délai de quelques semaines, quelques mois, ou quelques années, mais une vie après l'autre — des milliers de vies, des millions de vies, des milliards de vies, des éternités sans fin. C'est la manière bouddhiste de penser.

Chaque fois que j'éprouve une certaine frustration, ou trop de tristesse, je me souviens de ce beau poème :

Aussi longtemps que dure l'espace,
Aussi longtemps que demeurent les êtres sensibles,
Que moi aussi je demeure
Et chasse les misères du monde.

Je répète ce poème, j'y réfléchis et je médite en m'en inspirant. Instantanément ma frustration mentale disparaît. Ainsi, vous avez besoin d'une plus grande détermination : quel que soit le temps nécessaire pour changer, il vous faut développer cette détermination et les choses deviendront plus faciles. Si vous voulez des résultats immédiats, l'effort sera plus difficile. Telle est mon expérience. Si vous y trouvez un élément qui peut vous servir, essayez de l'emprunter. Si vous pensez que cela n'a pas de sens, alors je ne sais pas quoi dire, je n'ai pas d'autre conseil à vous donner.

Chapitre 4

Les Huit Versets sur la transformation de l'esprit

Jusqu'à présent nous avons parlé des bases qui rendent possible la transformation spirituelle et évoqué la nécessité d'entraîner l'esprit. Le point essentiel est le développement de *bodhicitta*, l'intention altruiste d'atteindre l'éveil pour le bien de tous les êtres sensibles, qui naît de l'entraînement des deux aspirations. Afin de renforcer notre pratique, il est recommandé de l'appliquer constamment dans notre vie quotidienne et dans notre comportement en général — physique, verbal et mental. Le comportement verbal inclut la lecture à voix haute d'un texte tel que les *Huit Versets sur la transformation de l'esprit* présenté ici (cf. appendice 1) comme le moyen de vous rappeler constamment l'importance d'entreprendre ce genre de contemplation.

Essayons de situer la pratique de *bodhicitta* dans le contexte général du bouddhisme tibétain. Celui-ci est sans doute le système le plus complet du bouddhisme en ce sens qu'il contient des éléments de tous les aspects de l'enseignement du Bouddha, le Vajrayana inclus. L'enseignement des Quatre Nobles

Vérités qui forme le noyau des enseignements non Mahayana est véritablement le fondement de la voie bouddhiste. Avec l'entraînement moral, les Quatre Nobles Vérités sont la base de la pratique de *bodhicitta.*

Le développement de *bodhicitta* est le centre de l'enseignement du Bouddha et forme la voie essentielle. Une fois que ce développement a eu lieu, le pratiquant essaie d'appliquer le principe altruiste au cours de sa vie. Cela conduit à ce qui est appelé les « idéaux du bodhisattva », y compris les « six perfections » — générosité, moralité, patience, enthousiasme, méditation ou contemplation, et sagesse. Parmi les six, les deux dernières sont les plus importantes parce que c'est dans le contexte du perfectionnement de la concentration et de la sagesse que les méthodes du Vajrayana sont introduites. Les enseignements du Vajrayana sont les méthodes les plus raffinées pour la réalisation de la perfection de la concentration et de la sagesse. La pratique la plus élevée pour ce perfectionnement, du point de vue du bouddhisme tibétain, est le tantra du yoga supérieur (*anuttarayoga tantra*) où l'on peut trouver une explication détaillée des niveaux subtils de la conscience.

La pratique de la compassion est au cœur de la Voie. Toutes les autres pratiques sont une préparation, ou une base, ou elles constituent des applications de cette pratique fondamentale. Je voudrais ajouter qu'il existe un consensus sur ce point de toutes les écoles bouddhistes, dans les traditions Mahayana et non

Mahayana. C'est pourquoi la compassion se trouve à la source de tous les enseignements bouddhiques, mais c'est dans l'« idéal du bodhisattva » que nous observons une insistance particulière sur le développement de la compassion en cultivant *bodhicitta*.

LES HUIT VERSETS

Déterminé à atteindre le but le plus haut
Pour le bien de tous les êtres sensibles,
Qui surpasse même le joyau qui réalise les souhaits,
Que je les chérisse à tous moments.

Le premier verset commence en tibétain avec une référence au moi. Nous avons brièvement fait allusion à la question du moi dans le chapitre 1. Nous allons maintenant approfondir ce thème.

L'analyse de la nature et de l'existence du moi est cruciale pour la compréhension de la voie bouddhiste. Deux camps s'opposent sur cette question à l'intérieur même du bouddhisme. D'une part, les écoles bouddhiques qui, bien qu'elles rejettent le moi comme principe ou âme éternelle, argumentent qu'un moi, une personne ou un individu, doivent être identifiés par rapport aux agrégats esprit-corps. Par exemple, certaines écoles présentent la personne comme la collection totale des cinq agrégats. D'autres prétendent que la conscience mentale est la vraie personne, ou moi. Le maître indien Bhavaviveka, par exemple, dans son analyse finale, identifie la sixième conscience mentale [1] à une personne. Néanmoins, d'autres écoles comme celle de l'Esprit Unique ne se satisfont pas de l'identification de la personne à la conscience mentale. Elles énoncent l'existence d'une faculté distincte appelée la « conscience fondatrice » (*alaya vijnana*) qui serait constante, toujours présente et continue. Elle est neutre et agit comme le dépositaire des nombreuses tendances qui existent dans notre monologue intérieur.

Ainsi, ce groupe d'écoles bouddhiques tente d'identifier le moi, objectivement, au complexe esprit-corps. Pourquoi l'école de l'Esprit Unique a-t-elle éprouvé le besoin d'énoncer l'existence d'une conscience fondatrice séparée de la conscience générale ? Les adeptes ont constaté qu'il y a des instances, particulièrement pour les méditants très évolués, en total équilibre avec la vacuité, où aucun aspect de la conscience du pratiquant n'est pollué. Pourtant, elle ou lui n'a pas encore atteint l'éveil. Donc, les polluants mentaux et leurs traces résident encore quelque part. C'est pourquoi les disciples de l'école de l'Esprit Unique ont senti la nécessité d'affirmer l'existence d'une faculté distincte nommée la conscience fondatrice, état neutre par nature.

1. Le bouddhisme classique distingue six consciences : la conscience visuelle, la conscience auditive, la conscience objective, la conscience tactile, la conscience du goût et la conscience mentale.

Du côté opposé, il existe une école bouddhique nommée Prasangika Madhyamaka qui rejette la nécessité d'énoncer objectivement le moi comme une entité à l'existence inhérente. Ses arguments prétendent que nous ne pouvons pas attribuer une réalité objective et indépendante au moi, aux choses et aux événements. Nous devons comprendre l'existence du moi ou de la personne comme une construction mentale en rapport avec le complexe esprit-corps, quelque chose d'imputé sur la base de l'esprit et du corps mais qui n'a pas d'existence indépendante ni d'identité inhérente.

Selon le second point de vue, plus profond, nous estimons que le moi est une désignation imputée au complexe des agrégats esprit-corps. Les Prasangikas maintiennent que la nature du moi est telle que, lorsque vous recherchez son existence réelle sur la base de ses constituants physiques et mentaux, vous ne trouvez rien qui puisse être identifié comme le vrai « moi ». Prasangika Madhyamaka soumet la notion du moi à l'« analyse des sept points [1] » et affirme finalement que, puisqu'on ne peut pas découvrir un moi ou une personne lorsque nous analysons notre corps et notre esprit, nous ne devrions pas conclure à leur inexistence mais plutôt que le moi existe en tant que désignation.

1. Cette analyse enquête sur sept possibilités : le moi n'est pas identique à ses parties, le moi n'est pas autre que ses parties, le moi n'est pas la base de ses parties, le moi ne dépend pas d'une façon inhérente de ses parties, le moi ne possède pas ses parties de façon inhérente, le moi n'est pas la forme de ses parties, et le moi n'est pas le composé de ses parties.

L'une des implications de cette approche est que nous ne devons pas nous engager dans une analyse excessive ni donner une réalité métaphysique au moi ; il faudrait plutôt accepter la réalité du moi ou de la personne sur la base d'une convention sémantique générale, sans chercher davantage. Ainsi, quand vous commencez à percevoir que la réalité du moi peut être acceptée comme valide selon une convention populaire et l'usage linguistique, vous êtes conscient qu'on ne peut lui attribuer une réalité objective et inhérente. En outre, vous reconnaissez que le moi n'a pas d'identité indépendante et n'existe pas d'une manière inhérente. Les individus n'existent pas en eux-mêmes mais simplement dans le contexte linguistique et la communication qui existent dans le monde des transactions. Cette analyse est un moyen habile de saisir par une compréhension directe la vacuité des individus.

Les Prasangikas suggèrent que les individus sont réels au plan du nom et du concept, mais non dans la réalité objective. Cependant ce concept diffère légèrement de la notion des entités abstraites soutenue par d'autres écoles bouddhiques pour lesquelles les entités n'ont de réel que le nom et le concept. Il est important de ne pas faire de confusion sur ce point. Le même terme peut être employé par différentes écoles mais sa signification change selon les différents contextes et son utilisation par différents philosophes. Cela est vrai pour l'expression « nature intrinsèque », *svabhava*. Nous trouvons parfois ces deux mots dans les écrits des philosophes du Prasangika Madhyamaka qui rejettent la notion d'existence inhérente. Le fait qu'ils emploient cette expression dans un certain contexte ne signifie pas qu'ils acceptent l'existence inhérente. Il importe d'être attentif au contexte particulier dans lequel ces mots apparaissent.

Lorsque nous nous référons au « je » dans le contexte des *Huit Versets*, nous ne devons pas y voir une forme objective du moi existant réellement ou substantiellement. Nous devons garder à l'esprit que le moi est compris comme une personne conventionnelle.

Ce verset exprime le désir de chérir tous les êtres sensibles parce qu'ils sont la base à partir de laquelle vous pouvez accomplir le but suprême, le bien de tous les êtres sensibles. Ce but surpasse même le légendaire joyau qui exauce les souhaits, car aussi précieux qu'il soit, ce bijou ne peut procurer la plus haute réalisation spirituelle. On y trouve aussi une allusion à la bonté de tous les êtres. Pour un adepte du Mahayana, c'est grâce aux autres êtres sensibles que l'on peut développer une grande compassion, le plus haut principe spirituel, et développer *bodhicitta* ou l'intention altruiste. Ainsi, sur la base de votre interaction avec les autres, vous pouvez atteindre les plus hautes réalisations spirituelles. De ce point de vue, la bonté des autres vous touche profondément.

Nous trouvons un principe similaire dans d'autres domaines de pratique spirituelle tels que les « trois entraînements les plus hauts » — l'entraînement à la morale, à la méditation et à la compréhension directe. Le rôle joué par les autres est très important, dès le commencement, dans ces pratiques. Prenons, par exemple, l'entraînement le plus élevé à la moralité. L'essence de l'entraînement bouddhiste à la moralité est fondée sur l'éthique du contrôle de soi, s'abstenir de faire du mal aux autres. La pratique consiste à s'abstenir des dix actions négatives, dont la première est de tuer. Ainsi la première pratique de la discipline éthique — ne pas tuer — est-elle directement connectée avec la valeur du rôle joué par les autres. En outre, selon le bouddhisme, quelques bienfaits auxquels nous aspirons, la longévité, une belle apparence, la richesse, avoir le superflu, etc., sont supposés être des résultats karmiques de notre interaction avec autrui. La longévité serait un effet de ne pas tuer, la beauté physique le résultat d'être patient, ne manquer de rien proviendrait d'avoir été généreux dans une vie antérieure, et ainsi de suite. Même les avantages les plus ordinaires que nous désirons sont considérés comme le fruit de notre interaction avec autrui.

Lorsque nous parlons de cultiver la pensée de chérir les autres, il ne s'agit pas du genre de pitié que nous éprouvons envers celui qui a eu moins de chance que nous. La pitié peut impliquer une tendance à mépriser l'objet de notre compassion, à éprouver un sentiment de supériorité. Aimer les autres est le contraire. En reconnaissant la bonté des gens et combien ils sont indispensables à notre progrès spirituel, nous apprécions leur valeur et leur signification. Par conséquent, nous leur accordons un statut élevé. Parce que nous les estimons, nous sommes capables de les aimer et de les considérer comme dignes de notre respect et de notre affection. C'est pourquoi le deuxième verset dit :

Chaque fois que j'entre en relation avec quelqu'un,
Je me vois comme le plus humble de tous,
Et, du plus profond de mon cœur,
Considère les autres comme supérieurs.

Ce verset suggère le genre de comportement que je viens de décrire. L'idée de se voir inférieur aux autres ne doit pas être mal interprétée, comme une manière de nous négliger, de ne pas tenir compte de nos besoins, ou de croire que nous sommes un cas désespéré. Au contraire, cette idée vient d'un état d'esprit courageux grâce auquel vous êtes capable d'établir des liens avec les autres, en étant conscient de votre capacité à les aider. Ne vous méprenez pas sur ce point. Ce qui est suggéré ici est la nécessité d'une humilité authentique.

Je voudrais illustrer cela par une histoire. Il y a deux ou trois générations, vivait un grand maître Dzogchen appelé Dza Paltrul Rimpoché. Non seulement il était un grand maître mais il avait de nombreux disciples. Il enseignait souvent à des milliers de personnes. Lorsqu'il méditait, il disparaissait pour faire retraite quelque part. Pendant ce temps, ses disciples battaient la campagne pour le retrouver. Durant l'une de ses disparitions, le maître fit un pèlerinage et passa plusieurs jours dans une famille, à l'instar de nombreux pèlerins tibétains qui s'arrêtaient en route chez des gens et, en échange de nourriture, exécutaient des travaux domestiques. Ainsi Dza Paltrul Rimpoché accomplissait-il des tâches pour cette famille, y compris celle de vider régulièrement le pot de chambre de la vieille mère.

Quelques-uns de ses disciples arrivèrent dans la région et apprirent que Dza Paltrul Rimpoché se trouvait dans les environs. Des moines découvrirent finalement la maison et interrogèrent la mère.

— Savez-vous où est Dza Paltrul Rimpoché ? demandèrent-ils.

— Je n'ai pas entendu parler de Dza Paltrul Rimpoché par ici, répondit-elle.

Les moines lui décrirent le maître en ajoutant :

— Nous avons entendu dire qu'il habitait chez vous, en tant que pèlerin.

— Oh ! s'écria-t-elle, c'est *lui*, Dza Paltrul Rimpoché !

Apparemment, Dza Paltrul Rimpoché venait de partir vider son pot de chambre. Cette mère en fut si horrifiée qu'elle s'enfuit en courant.

Cette histoire nous montre que même un grand lama comme Dza Paltrul Rimpoché, qui a des milliers de disciples, habitué à enseigner assis sur un trône, entouré de nombreux moines, etc., possédait une humilité véritable. Il n'hésita pas quand il lui fallut vider le pot de chambre d'une vieille dame.

Il existe des moyens grâce auxquels nous pouvons

pratiquer l'humilité. Par exemple, nous savons par expérience que, lorsque nous nous focalisons sur un objet ou un être, selon l'angle de vue, nous aurons une perspective différente. Telle est la nature de la pensée. Les pensées ont la capacité de sélectionner une caractéristique isolée d'un objet donné à un moment donné, la pensée humaine n'est pas capable de visualiser dans sa globalité. La nature de la pensée est sélective. Lorsque vous l'avez compris, vous pouvez vous voir comme inférieur aux autres d'un certain point de vue, même en vous comparant à un minuscule insecte.

Disons que je me compare à un insecte. Je suis un disciple du Bouddha et un être humain muni de la capacité de penser et de distinguer le bien du mal. Je suis supposé avoir une certaine connaissance des enseignements fondamentaux du Bouddha et, en théorie, je me suis engagé à ces pratiques. Pourtant, lorsque certaines tendances négatives montent en moi, ou lorsque je commets des actions négatives issues de ces pulsions, de ce point de vue on peut prouver que je suis, sur un certain plan, inférieur à un insecte. Les insectes sont incapables de distinguer entre le bien et le mal, ils n'ont pas la capacité de penser au futur et sont incapables de comprendre les subtilités des enseignements spirituels, donc, d'un point de vue bouddhiste, quoi que fasse l'insecte, c'est le résultat de l'habitude et du karma. En comparaison, les êtres humains ont la capacité de déterminer ce qu'ils font. Si, malgré cela, nous agissons d'une manière négative, on pourrait argumenter que nous sommes inférieurs à cet insecte innocent ! Ainsi, lorsqu'on réfléchit, il y a un fondement véritable à nous considérer comme inférieurs aux autres êtres sensibles.

Le troisième verset dit :

Que dans toutes mes actions, j'explore mon esprit,
Dès que les afflictions mentales et émotionnelles
[surgissent,
Puisqu'elles nous mettent en danger, moi et les autres,
Que je puisse les affronter avec détermination et les
[surmonter.

Nous tous, pratiquants spirituels, désirons vaincre nos pulsions, nos pensées et nos émotions négatives. A cause d'une longue habitude de nos tendances négatives et de notre manque de diligence à appliquer les antidotes nécessaires, les émotions et pensées douloureuses surgissent spontanément et puissamment en nous. Leur force est telle que nous sommes souvent gouvernés par ces tendances négatives. Ce verset suggère que nous soyons conscients de ce fait afin de rester vigilants. Nous devrions constamment nous surveiller et noter le moment où ces tendances naissent en nous afin de les surprendre. Si nous en prenons l'habitude, nous ne leur céderons pas ; nous demeurerons sur nos gardes et conserverons une certaine distance. De cette manière, nous ne les encouragerons pas et l'explosion d'émotions fortes accompagnées de paroles et d'actions négatives nous sera épargnée.

En général, cela ne se passe pas ainsi. Même si

nous savons que les émotions négatives sont destructrices, si elles ne sont pas trop intenses, nous avons tendance à penser : « Oh, celle-ci n'est peut-être pas grave ! » et nous n'y attachons pas trop d'importance. Le problème est que plus vous vous accoutumez aux tempêtes en vous, plus elles se reproduiront et plus vous serez enclins à leur céder. C'est ainsi que la négativité se perpétue. Il est important d'être conscient, comme le demande le texte, afin d'être capable d'affronter et d'éviter les émotions douloureuses lorsqu'elles surgissent.

J'ai souligné que l'enseignement bouddhique doit être compris en relation avec la délivrance de la souffrance. Le cœur de la pratique spirituelle bouddhiste consiste à travailler sur les tendances négatives. Il est important, spécialement pour le pratiquant bouddhiste, de se remettre constamment en question, dans sa vie quotidienne, ses pensées et ses sentiments, et même si possible d'être conscient de ses rêves. Si vous vous entraînez à appliquer la « pleine conscience », vous serez capable, peu à peu, de la mettre en pratique régulièrement, et son efficacité croîtra.

Le quatrième verset dit :

Quand je vois des êtres au mauvais caractère
Opprimés par une forte négativité et une grande
[souffrance,
Que je les chérisse — car ils sont rares à trouver —
Comme si j'avais découvert un trésor de pierres
[précieuses !

Ce verset fait allusion aux rapports avec des gens socialement marginalisés, à cause de leur comportement, leur apparence, leur déchéance, ou en raison d'une maladie. Celui qui pratique *bodhicitta* doit prendre spécialement soin de ces gens, comme si, en les rencontrant, il trouvait un trésor. Au lieu de se sentir dégoûté, un vrai pratiquant des principes altruistes doit relever le défi d'entrer en relation avec eux. La façon dont nous réagissons avec ces gens peut stimuler notre pratique spirituelle. Dans ce contexte, j'aimerais souligner l'exemple remarquable de nos nombreux frères et sœurs chrétiens qui s'engagent dans les activités humanitaires consacrées aux marginaux de la société. Une femme exemplaire de notre époque était Mère Teresa qui a consacré sa vie à prendre soin des exclus. Elle est l'exemple incarné de ce qui est décrit dans ce verset.

C'est en tenant compte de ce point que, lorsque je rencontre les membres des différents centres bouddhistes dans le monde, je leur fais remarquer qu'il ne suffit pas d'avoir des programmes d'enseignement et de méditation. Il existe des centres bouddhistes impressionnants où les moines occidentaux ont été si bien entraînés qu'ils sont capables de jouer de la clarinette selon la manière traditionnelle des Tibétains ! Mais j'insiste auprès d'eux sur l'importance de la dimension humanitaire dans leurs activités, afin que les principes des enseignements bouddhiques apportent leur contribution à la société.

Je suis heureux d'annoncer que quelques centres

bouddhistes commencent à appliquer nos principes sur le plan social. Par exemple, j'ai appris qu'en Australie, des centres ont créé des hospices où l'on accompagne les mourants et où l'on soigne les malades du sida. J'ai aussi entendu parler de membres de centres bouddhistes impliqués dans une forme d'éducation spirituelle dans les prisons, où ils font des conférences et sont à l'écoute des gens. Ce sont des exemples méritoires. Il est regrettable que les prisonniers se sentent rejetés par la société. Cela est non seulement pénible pour eux, mais aussi, dans une perspective plus large, une perte pour la société. Nous ne donnons pas à ces gens l'opportunité de fournir une contribution sociale, constructive, quand ils ont peut-être le potentiel pour le faire. C'est pourquoi je pense qu'il est important pour la société dans son ensemble de ne pas rejeter ces êtres mais de leur ouvrir les bras et de reconnaître leur contribution potentielle. Ainsi, ils sentiront qu'ils ont une place dans la société et commenceront à croire qu'ils ont peut-être quelque chose à offrir.

Le cinquième verset dit :

Quand d'autres, par jalousie,
Me maltraitent par l'insulte, la calomnie et le mépris,
Que j'accepte la défaite pour moi
Et que j'offre aux autres la victoire.

Lorsque les autres vous provoquent, quelquefois sans raison et injustement, au lieu de réagir négativement, un véritable adepte de l'altruisme doit se montrer tolérant envers eux. Vous devriez rester imperturbable devant de tels traitements.

Le verset suivant nous apprend que nous devons non seulement être tolérants envers ces personnes, mais les considérer comme nos maîtres spirituels. Ce sixième verset dit :

Lorsque quelqu'un que j'ai aidé,
Ou en qui j'ai placé toutes mes espérances,
Me maltraite de façon extrêmement pénible,
Que je le considère toujours comme mon maître
[précieux.

Dans le *Guide du mode de vie d'un bodhisattva*, de Shantideva, on trouve une longue discussion sur la façon dont nous pouvons développer cette attitude, et comment nous pouvons apprendre à considérer ceux qui nous font du tort comme des objets d'apprentissage spirituel. Dans le troisième chapitre de l'*Entrée dans la Voie du Milieu* de Chandrakirti, il y a des enseignements très efficaces sur la culture de la patience et la tolérance.

Le septième verset résume les pratiques dont nous avons parlé. Il dit :

En bref, que j'offre bienfaits et joie
A toutes mes mères, de façon à la fois directe et
[indirecte,
Que j'assume tranquillement
Toutes les douleurs et les blessures de mes mères.

Ce verset présente une pratique bouddhiste spécifique connue sous le nom de « pratique de donner et de prendre » (*tong len*). Par le moyen de la visualisation de donner et de prendre, nous pratiquons l'égalisation et l'échange de nous-mêmes avec les autres.

« Nous échanger avec les autres » ne doit pas être pris au sens littéral de se changer en l'autre et que l'autre se change en soi-même. En tout cas, c'est impossible. Ici, le sens indique un renversement des comportements que l'on a habituellement envers soi-même et les autres. Nous avons tendance à traiter ce prétendu « moi » comme un noyau précieux au centre de notre être, quelque chose qui vaut la peine qu'on en prenne soin, au point que nous sommes prêts à oublier le bien-être des autres. Par contraste, notre attitude envers autrui ressemble souvent à de l'indifférence ; au mieux, nous nous soucions un peu de leur sort, mais cela demeure au niveau d'un sentiment ou d'une émotion. En gros, nous sommes indifférents au bien-être des autres, et ne le prenons pas au sérieux. Cette pratique consiste à transformer cette attitude afin que nous réduisions l'intensité de notre désir de possession, l'attachement que nous éprouvons pour nous-mêmes, et que nous essayions de considérer le bien-être des autres comme chargé de sens.

Pour étudier les pratiques bouddhistes qui suggèrent que nous assumions le mal et la souffrance, je pense qu'il est vital de les examiner attentivement et de les apprécier dans leur contexte. Ce qui est suggéré ici est que, si dans le processus de suivre notre voie spirituelle et d'apprendre à penser au bien d'autrui, nous sommes conduits à assumer malheurs et souffrance, il faut y être totalement préparé. Les écritures n'impliquent pas que vous deviez vous haïr, ni être dur envers vous-même, ni vous souhaiter du malheur d'une façon masochiste. Il est important de savoir que tel n'est pas le sens de la voie.

Un autre exemple qu'il faut savoir interpréter est le verset d'un célèbre texte tibétain qui dit : « Que j'aie le courage, si nécessaire, de passer une éternité et d'innombrables vies au plus profond de l'enfer. » Ce qui est souligné ici est que le niveau de votre courage devrait être tel que, si cela vous est demandé comme faisant partie du processus de travailler au bien-être des autres, vous devez accepter cet engagement.

La compréhension correcte de ces textes est essentielle. Dans le cas contraire, vous pourriez les utiliser pour renforcer des sentiments de haine de vous-mêmes, en pensant que, si le moi est l'incarnation de l'égocentrisme, vous devriez disparaître dans l'oubli. La motivation sous-jacente au désir de poursuivre une voie spirituelle est d'atteindre le bonheur suprême. Ainsi, de même que nous recherchons le bonheur pour nous-mêmes, nous cherchons également le bonheur pour autrui. Même d'un point de vue pratique, pour qu'une personne développe une vraie compassion envers les autres, il faut qu'elle ait une base pour cultiver cette compassion. Cette base est la capacité de connecter nos sentiments et de nous préoccuper de notre propre bien. Si l'on est incapable de le faire, comment peut-on tendre la main aux autres et s'occuper d'eux ? Prendre soin des autres implique de prendre soin de soi-même.

La pratique de *tong len*, « donner et prendre », englobe les pratiques de « bonté aimante » et de compassion : la pratique de donner met en valeur la pratique de bonté aimante, tandis que la pratique de prendre insiste sur la pratique de la compassion.

Shantideva suggère une manière intéressante de la suivre dans son *Guide du mode de vie d'un bodhisattva*. Il s'agit d'une visualisation qui aide à discerner les défauts de l'égocentrisme et qui fournit des méthodes pour le combattre. D'un côté, vous visualisez votre moi normal, le moi totalement indifférent au bien-être des autres, l'incarnation de l'égocentrisme. C'est le moi qui n'est concerné que par son propre bien-être, au point qu'il est souvent prêt à exploiter les autres pour arriver à ses fins. De l'autre côté, vous visualisez un groupe de gens qui souffrent, sans protection ni refuge. Vous pouvez concentrer votre attention sur un individu en particulier si vous le désirez. Par exemple, si vous voulez visualiser quelqu'un que vous connaissez, qui vous tient à cœur, et qui souffre, vous pouvez prendre cette personne comme objet de votre visualisation et tenter la pratique de « donner et de prendre » par rapport à elle. Enfin, vous vous visualisez comme une troisième personne, un observateur neutre et impartial qui essaie d'estimer qui est le plus intéressé ici. Dans votre position d'observateur neutre, il vous est permis de voir plus facilement les limitations de l'égocentrisme et de vous rendre compte qu'il est plus juste et plus rationnel de vous préoccuper du bien d'autres êtres sensibles.

La conséquence de cette visualisation est que vous commencez peu à peu à ressentir une affinité avec les autres et une profonde empathie pour leurs souffrances. C'est à ce moment-là que vous pouvez commencer la méditation de « donner et de prendre ».

Afin de pratiquer la visualisation de « prendre », il peut être utile de se livrer à une autre visualisation. D'abord, vous focalisez votre attention sur les êtres souffrants en essayant de développer et d'intensifier votre compassion envers eux au point de sentir que leur souffrance est insupportable. En même temps, vous prenez conscience que vous ne pouvez pas faire grand-chose pour les aider. Ainsi, afin de vous entraîner à être plus efficace, avec une compassion motivante, vous visualisez d'assumer leur souffrance, les raisons de leur souffrance, leurs pensées et émotions négatives, et ainsi de suite. Vous pouvez le faire en imaginant leur souffrance et leur négativité comme une épaisse fumée noire, et ensuite vous visualisez que cette fumée se dissout en vous.

Dans le contexte de cette pratique, vous pouvez visualiser de partager vos propres qualités avec les autres. Vous pensez à des actions méritoires que vous avez accomplies, à un potentiel positif latent en vous, à une connaissance ou une intelligence spirituelle que vous avez pu atteindre. Vous les envoyez par la pensée à d'autres êtres sensibles afin qu'ils puissent profiter de leurs bienfaits. Vous pourrez accomplir cela en imaginant vos qualités sous la forme d'une lumière brillante ou d'un rayon de lumière blanche qui pénètre les autres êtres et se laisse absorber en eux. Voilà comment pratiquer la visualisation de « prendre et de donner ».

Cette méditation n'est qu'une visualisation, mais elle peut vous aider à accroître votre souci des autres et de leur souffrance, tout en aidant à diminuer votre égocentrisme. Tels sont les bienfaits de cette pratique.

C'est ainsi que vous entraînerez votre esprit à cultiver l'aspiration altruiste d'aider d'autres êtres sensibles. Lorsque cette aspiration émergera en même temps que celle d'atteindre l'éveil total, alors vous aurez réalisé *bodhicitta*, c'est-à-dire l'intention altruiste de devenir pleinement éveillé pour le bien de tous les êtres sensibles.

Dans le dernier verset, nous lisons :

Que tout cela demeure non souillé
Par les taches des huit considérations triviales ;
Et que je puisse, en reconnaissant l'illusion de
[toutes choses,
Sans m'y accrocher, être délivré de l'esclavage.

Les deux premiers vers de ce verset sont cruciaux pour un pratiquant authentique. Les « huit considérations triviales » sont des comportements qui tendent en général à dominer nos vies : être euphorique lorsqu'on vous fait des compliments, déprimé lorsque quelqu'un vous insulte ou vous humilie, heureux quand vous réussissez, dépressif quand vous échouez, joyeux quand vous devenez riche, découragé quand vous êtes pauvre, content quand vous êtes célèbre et attristé lorsque vos mérites ne sont pas reconnus.

Un vrai pratiquant doit s'assurer que sa culture de l'altruisme n'est pas souillée par ces pensées. Par exemple, si pendant que je vous parle j'ai la moindre pensée que les auditeurs m'admirent, cela voudra dire que ma motivation est troublée par des motifs bas ou ce que les Tibétains appellent les « huit considérations triviales ». Il est très important de s'examiner et de s'assurer que tel n'est pas notre cas. Un disciple peut appliquer l'idéal altruiste dans sa vie quotidienne, mais si tout d'un coup il s'enorgueillit et pense : « Ah, je suis un grand pratiquant ! » immédiatement les « huit considérations triviales » l'altèrent. La même chose se passe lorsqu'un disciple pense : « J'espère que les gens admirent ce que je fais » en s'attendant à recevoir des compliments pour le grand effort qu'il accomplit. Ces considérations triviales perturbent notre pratique. Il est important que cela n'arrive pas, afin de conserver la pureté de l'exercice.

Les enseignements du *lo-jong* sur la transformation de l'esprit sont très puissants. Ils font réfléchir. Par exemple, un passage mentionne :

Que je sois heureux quand quelqu'un me critique, et que je ne me réjouisse pas quand quelqu'un me loue.

Si je prends plaisir à la louange, cela augmente immédiatement mon arrogance, mon orgueil et ma vanité ; tandis que si je suis content qu'on me critique, cela m'ouvre au moins les yeux sur mes défauts.

Voilà un sentiment profond.

Jusqu'à présent, nous avons discuté sur toutes les pratiques qui concernent la culture de ce qu'on nomme le *bodhicitta conventionnel*, l'intention altruiste de devenir éveillé pour le bien de tous les êtres sensibles. Les deux derniers vers des *Huit Versets* se rapportent à la pratique de cultiver ce qui est appelé le *bodhicitta ultime*, qui se réfère au développement de la compréhension directe de la nature ultime de la réalité.

Bien que la sagesse fasse partie de l'idéal du bodhisattva, incarné dans les six perfections [1], il existe deux aspects principaux de la voie bouddhiste — la méthode et la sagesse. Toutes deux incluses dans la définition de l'éveil, qui est le non-dualisme de la forme perfectionnée et de la sagesse perfectionnée. La pratique de la sagesse, ou compréhension directe, correspond à la perfection de la sagesse, tandis que la pratique de moyens ou de méthodes habiles correspond à la perfection de la forme.

La voie bouddhiste est présentée dans le contexte général de la base, de la voie et de la réalisation. Nous

1. La générosité, la discipline, la patience, l'effort, la méditation et la sagesse.

développons d'abord une compréhension de la nature de la réalité à deux niveaux de réalité : la vérité conventionnelle et la vérité ultime ; telle est la base. Ensuite, sur la voie même, nous donnons forme peu à peu à la méditation et à la pratique spirituelle en général, en termes de méthode et de sagesse. La réalisation finale de notre voie spirituelle s'accomplit en termes de non-dualisme de la forme parfaite et de la sagesse parfaite.

Les derniers vers précisent :

Et que je puisse, en reconnaissant l'illusion de toutes [choses,
Sans m'y accrocher, être délivré de l'esclavage.

Ces vers illustrent la manière de cultiver la compréhension directe de la nature de la réalité. Superficiellement, ils semblent décrire un rapport au monde pendant les stades qui succèdent à la méditation. Les enseignements bouddhiques sur la nature ultime de la réalité distinguent deux périodes : l'une est la session de méditation pendant laquelle on demeure dans une méditation centrée sur la vacuité, et l'autre, la période qui succède à la méditation durant laquelle on s'engage activement dans le monde réel. Ainsi, ces deux vers évoquent un rapport direct au monde faisant suite à la méditation sur la vacuité. C'est pourquoi ce texte parle de la nature illusoire de la réalité, car c'est ainsi que l'on perçoit les choses lorsqu'on émerge d'une méditation focalisée sur la vacuité.

A mon avis, ces vers indiquent un point important.

Parfois, les gens s'imaginent que ce qui compte est la méditation focalisée sur la vacuité. Ils font moins attention à la manière dont cette expérience doit être appliquée durant les périodes qui suivent la méditation. Je pense que la période qui suit la méditation est essentielle. Méditer sur la nature ultime de la réalité permet de s'assurer que vous n'êtes pas dupe des apparences et que vous savez discerner l'écart entre la façon dont les choses vous apparaissent, et leur véritable nature. Le bouddhisme explique que les apparences peuvent être trompeuses. Avec une perception plus profonde de la réalité, vous pouvez au-delà des apparences vivre un rapport au monde plus approprié, efficace et réaliste.

Je cite souvent l'exemple de la manière dont nous devons communiquer avec nos voisins. Imaginez que vous viviez dans un quartier de la ville où les relations avec vos voisins sont presque impossibles, et pourtant il vaut mieux que vous communiquiez avec eux plutôt que les ignorer. La façon la plus sage de le faire dépend de votre niveau de perception de la personnalité du voisin. Si, par exemple, votre voisin est très débrouillard, communiquer avec lui sera bénéfique. En même temps, si vous savez qu'il est très malin, cette connaissance est précieuse pour que vous entreteniez une relation cordiale tout en veillant à ce qu'il ne vous exploite pas. De même, lorsque vous aurez une meilleure compréhension de la réalité, à la suite de cette méditation, lorsque vous affronterez le monde, vos rapports avec les gens et les situations seront plus appropriés et réalistes.

Lorsque le texte se réfère à la vision des phénomènes en tant qu'illusions, il suggère que la nature illusoire des choses ne peut être perçue que si vous vous êtes libéré d'un attachement aux phénomènes, entités indépendantes et discrètes. Dès que vous serez libéré de cet attachement, la perception de la nature illusoire de la réalité surgira automatiquement. Chaque fois que les choses vous apparaîtront, bien qu'elles semblent avoir une existence indépendante et objective, vous saurez, grâce à votre méditation, que ce n'est pas le cas. Vous serez conscient que les choses ne sont pas aussi substantielles et solides qu'elles en ont l'air. Le mot « illusion » souligne l'écart entre la manière dont vous percevez les choses et comment elles sont véritablement.

GÉNÉRER L'ESPRIT POUR L'ÉVEIL

Pour ccux qui admirent les idéaux spirituels des *Huit Versets sur la transformation de l'esprit*, il est utile de réciter les versets suivants pour générer l'esprit afin d'atteindre l'éveil. Les pratiquants bouddhistes doivent réciter ces vers et réfléchir sur le sens des mots en essayant de mettre en valeur leur altruisme et leur compassion. Ceux d'entre vous qui suivent d'autres traditions religieuses peuvent tirer des bienfaits de leurs propres enseignements spirituels et tenter de s'engager à cultiver des pensées altruistes afin de poursuivre cet idéal.

Avec le désir de délivrer tous les êtres
J'irai toujours prendre refuge
Auprès du Bouddha, dharma et sangha
Jusqu'à atteindre la pleine illumination.

Enthousiasmé par la sagesse et la compassion,
Aujourd'hui en la présence du Bouddha
Je génère l'Esprit du Plein Eveil
Pour le bienfait de tous les êtres sensibles.

Aussi longtemps que dure l'espace,
Aussi longtemps que demeurent les êtres sensibles,
Que moi aussi je demeure
Et chasse la misère du monde.

En conclusion, ceux qui, comme moi, se considèrent comme les disciples du Bouddha devraient pratiquer autant que nous. Aux croyants d'autres traditions religieuses, je voudrais dire : « Je vous en prie, pratiquez votre religion sérieusement et sincèrement. » Aux agnostiques, je demande d'essayer d'être généreux. Je vous le demande parce que ces attitudes mentales apportent le bonheur. Prendre soin des autres nous est utile, en réalité.

Appendice 1

Les Huit Versets sur la transformation de l'esprit

Geshe Langri Thangpa

Déterminé à atteindre le but le plus haut
Pour le bien de tous les êtres sensibles,
Qui surpasse même le joyau qui réalise les souhaits,
Que je les chérisse à tous moments.

Chaque fois que j'entre en relation avec quelqu'un,
Que je me voie comme le plus humble de tous,
Et, du plus profond de mon cœur,
Considère les autres comme supérieurs.

Que dans toutes mes actions, j'explore mon esprit,
Dès que les afflictions mentales et émotionnelles
[surgissent,
Puisqu'elles nous mettent en danger moi et les autres,
Que je puisse les affronter avec détermination et les
[éviter.

Transformer son esprit

Quand je vois des êtres au mauvais caractère
Opprimés par une forte négativité et une grande
[souffrance,
Que je les chérisse — car ils sont rares à trouver —
Comme si j'avais découvert un trésor de pierres
[précieuses !

Quand d'autres, par jalousie,
Me maltraitent par l'insulte, la calomnie et le mépris,
Que j'accepte la défaite pour moi
Et que j'offre aux autres la victoire.

Lorsqu'une personne que j'ai aidée,
Ou en qui j'ai placé toutes mes espérances,
Me fait du mal de façon extrêmement cruelle
Que je la considère comme mon maître le plus
précieux.

Bref, que j'offre bienfaits et joie
A toutes mes mères, de façon à la fois directe et
[indirecte,
Que j'assume tranquillement
Toutes les douleurs et les blessures de mes mères.

Que tout cela demeure non souillé
Par les taches des huit considérations triviales ;
Et que je puisse, en reconnaissant l'illusion de toutes
[choses,
Sans m'y accrocher, être délivré de l'esclavage.

Appendice 2

Une éthique pour le nouveau millénaire

Conférence donnée le 10 mai 1999
au Royal Albert Hall, à Londres

DISCOURS D'INTRODUCTION PAR LORD REES-MOGG, ANCIEN RÉDACTEUR AU *TIMES*

Votre Sainteté, Mesdames et Messieurs, c'est un grand honneur pour moi de présenter en cette occasion le discours d'introduction. Votre Sainteté, nous vous considérons en Grande-Bretagne comme un maître spirituel inspiré et surtout comme un ami. Vous êtes d'ailleurs entouré ce soir par vos amis et vos admirateurs. Votre vie a été l'une des vies exemplaires qui se sont consacrées à l'enseignement spirituel de notre temps. A l'instar de celle d'autres grands maîtres spirituels de notre époque, par exemple celle du Mahatma Gandhi, elle a été non seulement une vie spirituelle mais une vie engagée dans le processus historique et la souffrance de votre peuple, pour qui nous avons le plus grand respect, la plus grande sympathie et la plus grande admiration.

Dans ce que vous et votre peuple avez vécu, nous reconnaissons un courage et une compassion presque uniques dans le monde moderne. Vous avez construit des ponts — dans la société internationale comme entre les grandes religions — et c'est, je crois, l'une des caractéristiques de la qualité de votre enseignement d'avoir associé à la fidélité à votre religion une grande compréhension et amitié pour les autres traditions religieuses.

Nous vivons en ce moment une période très dure où nous sommes menacés de guerres et de troubles. Nous sommes tous conscients de la détresse du peuple tibétain et des souffrances qui ont lieu en Yougoslavie, particulièrement au Kosovo. Dans votre dernier livre, vous avez exposé des idées que vous aviez déjà proposées pour tenter de créer des zones de paix dans le monde, là où les fractures et les dangers sont les plus grands ; ce soir, nous vous accueillons spécialement chaleureusement car la mission de paix est le seul moyen pour résoudre les problèmes du monde.

Par-dessus tout, nous reconnaissons que votre enseignement spirituel et moral possède les sceaux de la vérité — ces quatre sceaux sont peut-être : l'humilité, l'humanité, l'endurance et la compassion. En tant que missionnaire de la paix, en tant que maître spirituel, nous vous souhaitons la bienvenue ici, ce soir, avec nos remerciements les plus sincères.

Une éthique pour le nouveau millénaire

SA SAINTETÉ LE DALAÏ-LAMA

Frères et sœurs, c'est un grand honneur pour moi d'avoir l'opportunité d'être parmi vous et de vous parler aujourd'hui. J'aimerais exprimer ma gratitude au Tibet House Trust qui a organisé cette rencontre. Je voudrais aussi exprimer mes remerciements aux membres de la communauté tibétaine pour leur chant d'ouverture qui a évoqué ma patrie, le Tibet. Je tiens tout particulièrement à exprimer ma profonde reconnaissance à Lord Rees-Mog pour son aimable introduction. Il m'a tant complimenté que j'ai l'impression que mes pieds ne touchent plus terre. Littéralement — ce fauteuil est si haut que mes pieds n'atteignent pas le sol ! Puis-je ôter mes chaussures et m'asseoir en tailleur ? Ah, c'est plus confortable !

J'ai déjà parlé dans cette salle. Je me souviens clairement que l'un de mes plus vieux et plus proches amis était présent, Edward Carpenter, doyen de Westminster, malheureusement disparu. J'ai toujours éprouvé pour lui le plus grand respect et la plus grande admiration. Je pense encore à lui comme je pense à d'autres vieux amis qui ne sont plus là. Cela me procure un sentiment chaleureux qui me touche et ne s'éteindra jamais.

Cela nous prouve que le temps passe. Année après année, mois après mois, jour après jour, minute après minute, seconde même après seconde, le temps toujours en mouvement ne s'arrête jamais. Aucune force ne peut arrêter ce processus qui se trouve hors de notre contrôle. Nous ne pouvons qu'utiliser le temps, de façon constructive ou négative et destructrice. C'est notre choix ; la décision repose entre nos mains. Alors mettez votre temps à profit : c'est très important. Je crois que la vie est faite pour nous inciter au bonheur. Les actions négatives créent toujours le malheur mais les actes positifs nous apportent plaisir et joie.

Ce soir, certains d'entre vous sont venus par curiosité, et c'est très bien. Il y a ceux qui sont venus avec l'espoir d'un événement : ne vous attendez pas à trop ! Je n'ai rien à vous offrir. Quelquefois les gens viennent me voir avec l'espoir d'une bénédiction miraculeuse ou quelque chose du même genre ; d'autres me voient comme leur guérisseur. Je leur dis souvent que si j'étais vraiment un grand guérisseur je n'aurais pas les boutons que j'ai aujourd'hui. Je n'arrive pas à me guérir ! Donc je ne pense pas qu'il soit bon de nourrir de faux espoirs. Je veux dire que nous sommes tous des êtres humains, semblables les uns aux autres. Je ne suis pas quelqu'un de spécial.

Tous les êtres humains sont identiques, que ce soit en Orient ou en Occident, au Sud ou au Nord, qu'ils soient riches ou pauvres, instruits ou incultes, d'une religion ou d'une autre, croyants ou agnostiques — nous sommes tous, en tant qu'êtres humains, fondamentalement les mêmes. Emotionnellement, mentalement, physiquement, nous sommes semblables. Physiquement, il peut y avoir quelques différences dans la forme de notre nez, la couleur de nos cheveux et ainsi de suite, mais elles sont mineures. Et nous avons le même potentiel, celui de transformer notre esprit et nos comportements. Par exemple, si vous êtes malheureux aujourd'hui parce que vous avez peur, ou que vous êtes jaloux ou en colère, ces réactions vous rendront encore plus malheureux. D'un autre côté, si vous êtes heureux, il semble que vous n'ayez aucun souci à vous faire, mais des événements imprévisibles peuvent mal tourner. Nous disposons du même potentiel pour éprouver des expériences négatives ou positives. En outre, nous avons le même potentiel pour transformer nos comportements.

Il est important de savoir que chacun d'entre nous peut se transformer en une personne meilleure et plus heureuse. Il est essentiel d'en être conscient.

J'ai remarqué que certaines personnes paraissent excitées par le nouveau millénaire. Elles s'attendent à ce qu'il suscite des jours plus heureux. Je crois que ce sentiment est erroné. S'il n'y a pas un nouveau millénaire dans nos cœurs, le nouveau millénaire extérieur ne changera pas grand-chose : il y aura toujours le jour et la nuit, le soleil et la lune, et ainsi de suite. En décembre dernier, je suis passé par Paris où j'ai vu sur la tour Eiffel le compte à rebours du nombre de jours qui restent à ce siècle, ce qui démontre un certain enthousiasme, un espoir dans le siècle nouveau. Mais j'ai pensé ensuite : « Quelle différence apportera le prochain siècle ? » En réalité, je crois que la vie continuera comme avant.

Je voudrais répéter que le plus important est de transformer l'esprit afin d'obtenir une nouvelle façon de penser, une nouvelle perspective. Je pense que nous devrions nous efforcer de développer un nouveau monde intérieur. Pendant des siècles et des générations, l'humanité a investi d'immenses efforts pour développer des facilités matérielles sur la base de la science et de la technologie. Aujourd'hui, dans le monde, les nations occidentales en particulier ont atteint un standard de vie très élevé, pourtant de nombreux problèmes subsistent, surtout en ce qui concerne la violence et le crime. En Angleterre, en Amérique et ailleurs, des jeunes se tirent dessus sans beaucoup de raisons. Dans le domaine des relations internationales, j'ai souvent l'impression que les nations qui aiment par-dessus tout la liberté et la démocratie — même des nations telles que les Etats-Unis et les pays européens de l'Ouest — en fait, s'appuient beaucoup sur la force.

Je pense que ce sont des concepts dépassés. Autrefois, les intérêts nationaux étaient plus ou moins indépendants et les communautés se suffisaient à elles-mêmes, fût-ce à la dimension du village. Dans ces circonstances, les concepts de guerre et d'activité militaire avaient leur logique : lorsque la victoire nous appartient, la défaite sera pour l'ennemi en face. Aujourd'hui, cette situation a complètement changé. Non seulement les villages, mais les nations et les continents sont devenus interdépendants, surtout économiquement. Dans ce contexte, détruire votre voisin équivaut à vous détruire vous-même. Je crois que les anciennes manières de penser et les stratégies qui les accompagnent sont dépassées.

Il y a aussi le problème du niveau de vie. Chaque année nous nous attendons à une croissance économique ; lorsque l'économie stagne, les gens sentent que quelque chose ne va pas. Un jour ou l'autre, nous atteindrons un point que nous ne pourrons dépasser. Considérez l'écart entre les riches et les pauvres. Au niveau mondial, les gens du Nord ont un surplus mais ceux du Sud sont des êtres humains au même titre que ceux du Nord. Ils vivent ensemble sur la même planète. Pourtant, leurs besoins essentiels ne sont pas satisfaits et ils meurent encore de faim. Parfois je me dis qu'ils sont responsables de leur famine : certaines nations ont investi leurs ressources dans un équipement militaire à la place de l'agriculture. La famine peut en résulter. Même dans un pays aussi riche que l'Amérique, il existe un énorme écart entre les milliardaires et les pauvres. Quelques-uns de mes amis américains m'ont dit récemment qu'il y a quelques années on comptait aux Etats-Unis une quinzaine de milliardaires en dollars. A présent il y en a bien plus. Le nombre des milliardaires augmente tandis que les pauvres s'appauvrissent.

Cette énorme différence entre riches et pauvres sur le plan mondial, comme à l'intérieur des nations, est non seulement immorale mais aussi source de problèmes pratiques. Nous devons donc affronter ces problèmes afin de relever le niveau de vie du Sud et des pauvres en général.

Il y a plus de quinze ans, j'ai visité une université dans ce pays et j'ai discuté avec un expert en environnement et en ressources naturelles. Il m'a dit que si le niveau de vie du Sud atteignait celui des gens du Nord, avec la démographie croissante, on pouvait se demander si les ressources naturelles de la planète suffiraient. Ainsi, la conséquence serait que, dans un délai plus ou moins rapproché, nous nous heurterions aux limites de nos ressources naturelles. Notre mode de vie n'est jamais remis en question. Je pense qu'au contraire, il serait grand temps de le faire.

La pollution représente également un sérieux problème. Organiser quelques conférences sur ce thème est très utile, mais une véritable mise en œuvre de mesures nouvelles est indispensable. Encore une fois, je crois que ce problème tient au mode de vie moderne. En Amérique, et à Londres, beaucoup de voitures dans les rues ne transportent souvent qu'une seule personne ; on dirait que presque tout le monde possède une voiture. Certaines familles en ont même deux ou trois ! Pensez à la population de la Chine — plus de deux milliards d'habitants — et à celle de l'Inde, plus de neuf cents millions. Selon cette projection, il y aurait trois milliards de voitures dans ces deux pays ! Cela serait catastrophique.

Voilà les problèmes. Quelquefois je pense que je ne suis pas le seul à critiquer la situation actuelle, mais les millions de gens qui pensent la même chose ne sont pas entendus. Je parle peut-être au nom de ces millions de gens silencieux ou dont la voix est trop faible pour être écoutée. Nous estimons la réalité de la situation mais il y a malheureusement un trop grand écart entre notre perception et notre comportement. La réalité a évolué mais notre pensée n'a pas bougé, ce qui crée de nombreuses difficultés.

En outre, quelques-uns des problèmes auxquels nous faisons face au Kosovo, en Irlande du Nord ou en Indonésie, ne se sont pas développés en une nuit mais pendant des décennies et des générations. Au début, quand il y avait encore une chance de changer la situation et de l'apaiser, les gens n'y prêtaient pas attention. Quand les choses sont devenues critiques, c'était trop tard. Lorsque les émotions sont incontrôlables, elles sont très difficiles à gérer. Durant les stades initiaux, il y a une meilleure chance de réduire le problème ou de l'éliminer. Mais en général nous le négligeons. Selon le bouddhisme, quand les causes et les conditions ont évolué librement pendant une longue période, elles atteignent un point où le processus ne peut plus être renversé.

La plupart de nos problèmes se sont accrus de cette façon. Je pense au problème tibétain. Au cours des années vingt, trente et quarante, les Tibétains eux-mêmes n'ont pas tenu compte de l'avenir de leur pays. Voilà le résultat. Quand ça explose, c'est trop tard.

L'emploi de la force représente le dernier recours. Mais la violence est imprévisible. Même si votre intention première est d'utiliser une force limitée, dès que vous avez commis une action violente, les conséquences sont imprévisibles. La violence crée toujours des implications imprévues et une contre-violence. Il semble que ce soit ce qui se passe au Kosovo. Employer la violence est une mauvaise méthode, particulièrement à notre époque.

Si l'on en juge par les événements actuels, quelque chose dans notre comportement en général ne va pas. En observant une attitude correcte, je crois que nous pourrions diminuer et même éliminer certains de ces problèmes. La plupart de ceux-ci sont produits par l'homme, notre propre création, de sorte que si l'humanité utilisait des méthodes plus appropriées dans une perspective d'avenir plus large, je crois que la situation évoluerait rapidement.

L'avenir de l'humanité dépend de la génération présente. Chacun d'entre nous a la responsabilité d'y penser. Dans ce contexte, j'essaie toujours de partager la conviction suivante avec mon auditoire : l'avenir de l'humanité dépend surtout de notre pensée et de notre comportement.

J'ai mentionné l'importance de l'éducation. L'éducation moderne est très bonne, mais elle semble être fondée sur l'acceptation universelle qu'il faut développer le cerveau, c'est-à-dire l'éducation intellectuelle. On ne consacre pas assez d'attention au développement global de l'individu — devenir une personne au cœur généreux. Une éducation séparée existait en Europe, il y a environ un millier d'années ;

en ce temps-là, l'Eglise s'occupait de l'éducation morale et la famille de la chaleur humaine. De cette façon, l'éducation des enfants était équilibrée. Mais au fil du temps, l'influence de l'Eglise s'est affaiblie et la vie de famille est devenue instable et problématique. En conséquence, cet aspect important de l'éducation des enfants a été négligé. Il semble n'exister aucune institution qui ait la responsabilité de s'occuper du cœur.

Je pense que l'éducation ou le savoir est comme un instrument, et la façon dont celui-ci est utilisé, d'une manière constructive ou destructrice, dépend de la motivation de chacun d'entre nous. Un système éducatif qui cultive seulement de brillants cerveaux peut créer davantage de problèmes et, du point de vue de l'individu, le fait d'avoir trop de pensées intelligentes et trop d'imagination peut provoquer des dépressions nerveuses. J'espère qu'à l'avenir le système d'éducation fera plus attention au développement de la chaleur humaine et de l'amour. Depuis le jardin d'enfants jusqu'à l'université, je crois qu'il est important de poser des questions morales concernant la vie de l'individu, en y incluant son rôle dans la famille comme dans la société. Sans cela, vous ne pouvez être heureux, vous ne pouvez avoir une famille heureuse, vous ne pouvez vivre dans une société heureuse. Les parents ont une responsabilité spéciale dans ce domaine. J'espère qu'à l'avenir il y aura moins de divorces, surtout chez les couples qui ont des enfants. Pour eux surtout, il est essentiel que le mariage de leurs parents soit heureux ; ainsi, par leur pratique et leur exemple, ils prépareront leurs enfants aux bienfaits de l'amour, de la bonté et d'un cœur chaleureux.

Je voudrais ajouter qu'il est utile d'habituer les enfants à l'idée que, lorsqu'ils devront faire face à une situation conflictuelle, la meilleure façon de la résoudre est le dialogue et non la violence. La seule solution est un compromis à 50-50, si possible, ou peut-être à 60-40 ! Puisqu'il n'est pas possible que la victoire appartienne totalement à l'une des parties, le dialogue est essentiel. Pour résoudre un problème, il faut évaluer ce qui est en jeu du côté de vos adversaires, et prendre en considération leurs intérêts autant que vous le pourrez, en essayant de trouver une solution sous cet angle. Je pense qu'il est bon d'introduire dans les écoles l'idée de dialogue dès le plus jeune âge et d'entraîner les étudiants à discuter selon différents points de vue. Ils pratiqueront ainsi le débat et le concept du dialogue s'installera graduellement en eux. Le dialogue est une méthode appropriée, une méthode efficace, une méthode réaliste.

Lorsque l'étudiant aura acquis une bonne réaction, dès qu'un conflit naîtra, il engagera un dialogue plutôt que de réagir par la violence ou une dispute. Je dis parfois qu'avec cette formation, lorsqu'un étudiant rentre de l'école et trouve ses parents en train de se quereller, il pourrait réussir à les convaincre que ce n'est pas la solution. Je pense que grâce à un tel entraînement, il nous paraîtra évident que les êtres humains sont des animaux sociaux et que nos intérêts individuels reposent sur la société ; c'est pourquoi chaque individu devrait être une personne sensible et chaleureuse, et un bon citoyen. Cela apporterait la paix de l'esprit au niveau individuel, au plan familial, et au plan de la communauté. Lorsque des conflits apparaîtront, nous discuterons ensemble à leur propos et nous partagerons nos angoisses d'une manière paisible et amicale.

Le développement de ce genre d'attitude est lié aux valeurs humaines fondamentales, c'est-à-dire aux sentiments de solidarité, de responsabilité et de pardon. Nous pourrions les appeler des valeurs spirituelles fondamentales. Que nous soyons croyants ou pas est une question de choix individuel, mais en tant qu'êtres humains, sans ces qualités humaines, nous ne pouvons pas être heureux. Le but de la vie étant le bonheur, il n'y a pas de raison de négliger ces valeurs qui servent directement à nous rendre heureux.

Nous pouvons nommer ces valeurs humaines fondamentales l'« éthique laïque », puisqu'elles ne dépendent pas d'une foi religieuse. « Laïque » ne signifie pas que nous rejetons la religion mais plutôt que la religion est une affaire personnelle.

Je pense que nous devons vraiment faire un effort pour promouvoir ces valeurs humaines fondamentales. Une raison suffisante est qu'au fond la nature humaine est bonne. Les opinions divergent sur ce point ; certains disent que la nature humaine est agressive. Mais en considérant notre vie de la naissance à la mort, je crois que l'agressivité est seulement occasionnelle.

D'autre part, je pense que notre vie dépend de l'affection et de l'amour.

Par exemple, notre constitution physique est telle que les cellules de notre corps travaillent mieux lorsque notre esprit est en paix. Un esprit agité entraîne un déséquilibre physique. Si la paix de l'esprit est importante pour la bonne santé, cela signifie que le corps est structuré d'une manière qui s'accorde avec la paix mentale. C'est pourquoi nous disons que la nature humaine est plus encline à la douceur et à l'affection. La structure même de notre corps semble plutôt faite pour embrasser que pour se battre. Regardez nos mains : si elles étaient faites pour frapper, elles seraient aussi dures que des sabots. Selon la science médicale, les semaines qui suivent immédiatement la naissance sont cruciales pour notre développement, car le cerveau croît très rapidement. Pendant cette période, le contact physique — avec la mère ou quelqu'un d'autre — représente l'un des facteurs les plus importants pour le développement harmonieux de l'esprit. Cela montre que, même physiquement, nous avons besoin de l'affection d'autrui. Ces caractéristiques prouvent que nous avons besoin de l'affection humaine.

Au niveau mental, nous constatons que plus nous manifestons de compassion, plus notre esprit est en paix. Dès que nous pensons aux autres, notre esprit s'ouvre et nos problèmes personnels paraissent insignifiants. Au contraire, si vous pensez seulement : « Moi, moi, moi ! » votre focalisation mentale devient mesquine et étroite, et même les plus petits problèmes semblent énormes. Lorsque vous pensez au bien des autres et partagez leur souffrance, vous vous sentez très malheureux et perturbé sur le moment, mais il s'agit d'une démarche volontaire de votre part. Au plus profond de vous-même, vous avez du courage, confiance en vous et une force intérieure. Au contraire, lorsque vous souffrez de problèmes qui surgissent inopinément, la souffrance vous submerge. Il y a une grande différence entre les deux expériences.

Selon ma propre expérience, plus je médite sur la compassion en pensant au nombre infini d'êtres sensibles qui souffrent, plus j'ai le sentiment d'une force intérieure. Alors, mes problèmes n'ont plus autant d'importance. Plus notre force intérieure et notre confiance en nous sont grandes, plus elles diminuent notre peur et nos doutes, ce qui nous rend automatiquement plus ouverts. Lorsque nous sommes envahis par la peur, la haine et le doute, la porte de notre cœur est fermée et nos relations avec autrui sont empreintes de soupçon. Je crois qu'expérimenter le soupçon et le doute est la pire des choses ; nous avons l'impression que les autres éprouvent des sentiments semblables à notre encontre et nous nous éloignons de plus en plus des gens. Cela se termine par la solitude et la frustration.

C'est pourquoi je pense que la compassion et la préoccupation des autres sont des sentiments merveilleux. Le problème vient de ce que les gens croient que ce message de compassion, d'amour et de pardon est religieux, donc ceux qui n'ont pas d'intérêt pour la religion tendent à négliger ces valeurs. Je pense qu'ils ont tort. Nous devons tous respecter ces valeurs. De cette manière, nous nous préparerons au prochain millénaire.

Mon second thème est l'importance cruciale de l'harmonie et de la compréhension entre les religions. La foi religieuse est propre aux êtres humains, elle n'existe pas chez les animaux. Bénéfique lorsqu'elle est bien utilisée, elle peut conduire au désastre si tel n'est pas le cas. La raison en est que la foi religieuse implique des émotions qui peuvent mal tourner. Nous risquons de devenir fanatiques ou fondamentalistes. C'est pourquoi nous devons faire plus d'efforts pour que les grandes religions régulent le potentiel humain pour le progrès de l'humanité — la servir et sauver la planète — et en même temps, nous tenterons de réduire les conflits engagés au nom de la religion.

Depuis plusieurs années, j'ai utilisé diverses méthodes dans ce sens et à présent quelques-uns de mes frères et sœurs spirituels d'autres religions m'ont rejoint.

La première méthode est d'organiser des rencontres entre les érudits des différentes traditions, pour discuter de leurs différences et de leurs similarités sur le plan académique.

La deuxième consiste à susciter des rencontres entre pratiquants sérieux des diverses religions afin qu'ils puissent échanger leurs expériences intérieures. C'est très efficace et utile pour comprendre la valeur d'une autre tradition que la sienne. Cette méthode aide à développer une compréhension et un respect mutuels.

La troisième méthode est celle des pèlerinages de religions multiples. Un groupe de personnes de traditions religieuses différentes visite ensemble les lieux saints des religions respectives. Si possible, elles prient ensemble, ou elles s'assoient en méditation silencieuse. Une fois, je suis allé à Lourdes, en tant que pèlerin. J'ai bu l'eau sainte et me suis tenu devant la statue de la Vierge Marie en pensant qu'en ce lieu, des millions de gens à la recherche de bénédictions et de paix avaient été comblés. Tandis que je regardais la statue de Marie, un profond sentiment d'admiration et d'estime à l'égard du christianisme s'éleva en moi, simplement à la pensée qu'il procure tant de bienfaits à des millions de gens. Le christianisme a une philosophie différente de la mienne, mais c'est une autre question. La valeur pratique de l'aide et du bien qu'il offre est évidente.

J'ai trouvé très utile d'expérimenter ce sentiment profond sur d'autres religions, inspiré par l'atmosphère des lieux saints. Nombre de chrétiens ont déjà répondu à cette proposition. L'année dernière, certains de mes frères et sœurs chrétiens sont venus passer quelques jours à Bodh Gaya. Nous avons dialogué entre bouddhistes et chrétiens. Chaque matin nous avons médité ensemble sous l'arbre de Bodhi. Ce fut une rencontre historique. Depuis la venue de Bouddha il y a deux mille cinq cents ans et celle du Christ deux mille ans environ, je crois que c'est la première fois qu'une telle rencontre avait lieu.

La quatrième méthode consiste à organiser des rassemblements comme celui d'Assise dans les années quatre-vingt. Des chefs religieux de différentes traditions se rencontrent, récitent des prières du haut de la même estrade et échangent quelques mots sur un thème précis (à Assise, le thème était l'environnement). Ce genre d'événement prend beaucoup de sens pour les millions d'adeptes de chaque religion lorsqu'ils voient leurs responsables délivrer le même message de paix dans une atmosphère aussi amicale. Voilà les quatre méthodes que je suggère de suivre pour engendrer l'harmonie entre les religions.

J'aimerais partager avec vous ce soir une autre idée, celle du désarmement intérieur. Avec la conscience des conséquences de la guerre, le concept d'activité militaire et de destruction devient périmé.

A partir de cette donnée, nous devons penser sérieusement à la manière de réduire l'armement. En premier lieu, les armes nucléaires ; heureusement, il existe déjà un programme à cet effet. Nous devons rechercher ensuite la destruction totale des armes nucléaires. Peu à peu, le monde devrait se libérer de tout gouvernement militaire. Nous devrions pouvoir vivre dans un monde totalement démilitarisé. Ce sera notre but lointain. Sa réalisation pourra prendre des générations, mais je pense que cela vaut la peine d'avoir ce modèle en tête.

Non seulement nous économiserions beaucoup d'argent, mais nous pourrions éviter un certain degré de pollution. Je dis parfois en plaisantant que ces usines qui produisent des chars pourraient fabriquer des bulldozers à la place. Les savants qui travaillent dans le domaine militaire et qui jusqu'à présent concentrent leurs efforts sur la destruction pourraient consacrer les ressources de leurs cerveaux à un domaine plus constructif. Cela vaudrait alors la peine de les payer doublement !

Nous devons penser selon ces critères, si nous nous sentons concernés par le bonheur et le bien de l'humanité à l'avenir. Je pense qu'il devrait y avoir moins de frénésie au sujet du nouveau millénaire et davantage de pensée centrée vers l'intérieur, plus d'attention pour nous y préparer. A mon âge, j'appartiens à ce siècle finissant et je suis prêt éventuellement à lui dire adieu, c'est la nouvelle génération qui formera le nouveau siècle. Vous autre, jeunes, devez y réfléchir avec attention, sans émotion et sans attachement, d'un point de vue large et avec une vision à long terme. C'est très, très important.

Je suis arrivé au terme de ma conférence. Si vous pensez que certains sujets valent d'être étudiés plus avant, je vous en prie, faites-le. D'un autre côté, si vous croyez que les questions que j'ai soulevées n'ont que peu d'intérêt ou n'ont pas de sens, oubliez-les et laissez-les derrière vous dans cette salle ! Merci beaucoup.

QUESTIONS

Question : Votre Sainteté, les jeunes subissent de plus en plus de pression en Occident et sont obligés de se faire concurrence au niveau des grandes écoles, à cause du manque de débouchés et de l'absence d'équilibre spirituel. Comment changer cela ? Ne pensez-vous pas que nous avons été trop loin et qu'il est difficile de renverser ce processus ?

SSDL : Je ne pense pas qu'il soit trop tard. Si, en tant que société, nous essayons de changer nos façons de penser et d'agir fondamentales, si la société évolue globalement, il existe encore un potentiel. Quelle que soit la difficulté, nous ne devons pas perdre espoir. Il est très important de rester optimiste. Si dès le départ, vous avez l'impression que vous n'y arriverez pas en raison des difficultés, cette attitude défaitiste et pessimiste deviendra la vraie source de l'échec. Il importe peu que vous atteigniez votre but rapidement ou même durant cette vie : si quelque chose en vaut vraiment la peine, vous devez la tenter. Au moins, vous n'aurez pas de regrets. Si nous abandonnons la lutte parce qu'il y a trop de difficultés, il y a des risques que nous le regrettions.

Question : Est-ce que vous êtes en faveur de l'idée d'une foi universelle, d'une religion universelle ?

SSDL : Que voulez-vous dire par là ? Que toutes les religions doivent être unifiées ? Je dis quelquefois que la compassion est la religion universelle. Mais si voulez dire qu'il faut créer une religion universelle avec des idées prises chez une religion et chez une autre, je pense que c'est idiot. Il vaut bien mieux garder les diverses traditions distinctes les unes des autres afin que chaque religion soit unique. Ainsi la variété des philosophies et la variété des traditions pourront satisfaire la variété des fidèles. Je crois que la raison même de l'émergence des différentes religions sur terre tient justement aux différences entre les peuples, à leurs mentalités différentes. Une seule religion ne pourrait satisfaire tout le monde, il vaut donc mieux qu'il y ait un certain nombre de traditions.

Il existe des différences fondamentales entre les religions. Récemment, en Argentine, j'ai participé à un colloque universitaire sur la religion et la science avec un évêque, un savant et médecin qui faisait de la recherche. Quand mon tour de prendre la parole est venu, j'ai mentionné que, pour le bouddhisme, le concept du « Créateur » n'existe pas, donc la causalité n'a pas de commencement. L'évêque a paru étonné car il croyait que le bouddhisme acceptait Dieu comme le Créateur. « Oh, ajouta-t-il, alors il n'y a pas de base de dialogue entre le christianisme et le bouddhisme. » Il a dit cela sur un ton jovial.

Je lui ai répondu qu'il y avait en effet des différences fondamentales mais aussi des pratiques communes et un message commun, celui de la compassion, de l'amour, du pardon et du bonheur. Pour certaines personnes, le concept du Créateur a beaucoup de pouvoir — Il est plein de compassion et notre vie a été créée par lui — cette idée apporte un sentiment d'intimité avec Dieu. Nous avons l'impression que, pour accomplir le souhait de Dieu, nous-mêmes devons montrer de la compassion. C'est le véritable sens de l'amour de Dieu. Si quelqu'un ne pratique pas la compassion envers son prochain et, en même temps, dit : « Dieu est grand », c'est de l'hypocrisie. Si quelqu'un vous frappe, vous présentez l'autre joue, dit la Bible. C'est ce que le bouddhisme appelle le principe de tolérance. Il existe ainsi de nombreuses ressemblances entre christianisme et bouddhisme.

L'idée bouddhiste est qu'il n'y a pas de Créateur et que tout dépend de notre propre responsabilité ; c'est une démarche plus efficace pour certaines personnes. Nous pouvons dire que chaque religion possède une manière qui lui est propre d'engendrer des êtres humains bons.

Question : Votre Sainteté, parfois nos choix sont prédéterminés par les causes et les situations. Jusqu'à quel point sommes-nous réellement libres de choisir ?

SSDL : Quand nous parlons de la loi de causalité, nous parlons d'un principe universel qui s'applique à toute chose et à tout événement. Tout prend naissance en tant que résultat des causes et des situations. Dans le contexte particulier de l'expérience des êtres vivants, il s'agit d'une situation où l'action des individus fait partie du processus de causalité. Que ces individus soient des agents qui participent au processus de causalité implique qu'ils sont des êtres conscients pourvus d'un certain choix des actes qu'ils accomplissent. Il existe un autre niveau de choix : bien que l'on ait effectué une action particulière qui a mis en mouvement une chaîne d'événements, l'action causale seule ne suffit pas à la réalisation. Des circonstances et d'autres conditions auxiliaires sont nécessaires pour activer la cause et l'amener à sa concrétisation. Dans ce sens, nous avons une certaine liberté pour contrôler ou tout au moins influencer ces circonstances et ces situations.

Question : Votre Sainteté, la peine capitale a toujours été un sujet de débats dans le monde. Quel est votre sentiment à ce propos ?

SSDL : Je suis contre la peine de mort. Je pense qu'elle est mauvaise et elle m'attriste énormément. Chaque fois que je vois des photos de prisonniers condamnés à la peine de mort, je suis perturbé et ça me rend très malheureux.

Voyez-vous, je crois qu'au fond nous avons tous des émotions négatives : le potentiel de haine ou de colère est latent chez chacun de nous. En raison de certaines circonstances, quelque chose est arrivé à ces pauvres gens. Ils ont agi selon ces émotions, mais je pense aussi qu'ils ont en eux un potentiel pour faire le bien. Pour cette raison, il vaut mieux ne pas rejeter ces criminels mais les réintégrer dans la société en leur donnant une chance de changer et de s'améliorer. J'ai entendu dire que dans la prison de Tihar, en Inde, les autorités ont instauré un cours de méditation pour les prisonniers qui s'est révélé très efficace. Beaucoup de gens évoluent vraiment. En Amérique aussi, des volontaires aident les prisonniers en leur donnant une formation spirituelle. Amnesty International fait campagne pour abolir la peine de mort. J'ai signé la pétition.

Question : D'où vient la colère ?

SSDL (rires) : Chaque philosophie a son explication. Du point de vue bouddhiste, la colère vient essentiellement de l'ignorance. Plus concrètement, je pense que la colère vient de l'attachement ; plus nous sommes attachés aux personnes et aux choses, plus nous sommes enclins à nous mettre en colère.

La colère, comme les autres émotions négatives, fait partie de notre mental, comme la compassion, la bonté aimante et l'altruisme. Ce qui importe, c'est d'analyser nos pensées. Lesquelles sont utiles ? Lesquelles sont nuisibles ? Après nous être examinés de cette façon, nous découvrons que certaines pensées se contredisent : par exemple, la colère et la haine se trouvent en contradiction avec la bonté aimante. Alors nous nous posons la question de savoir quel est l'avantage de la haine et quel est l'avantage de la bonté aimante. Si vous sentez que la bonté aimante est bénéfique, vous pouvez essayer de l'accroître comme une contre-offensive à l'encontre de la haine et de la colère. Si le nombre de ces pensées positives s'accroît, alors le nombre des pensées contraires s'amoindrit. C'est une manière d'entraîner votre esprit.

Sans cet entraînement, tout le monde a des pensées

négatives et positives de force égale. Certaines conditions provoquent des émotions négatives tandis que d'autres en suscitent de positives. Nous pouvons nous efforcer consciemment de changer ce modèle — c'est ce que nous voulons signifier par la transformation de l'esprit. C'est une manière de se perfectionner. Que vous soyez croyant ou non-croyant, je pense que plus vous cultiverez un sentiment de bonté aimante, plus vous serez heureux et calme. Votre perspective fondamentale demeurera sereine. Même si vous entendez une nouvelle perturbante, elle ne vous troublera pas trop. C'est une approche très utile. D'un autre côté, si vous êtes malheureux à cause d'une haine ou de pensées négatives, même les bonnes nouvelles vous perturberont davantage.

Puisque nous recherchons tous le bonheur, je crois que cela vaut la peine de réfléchir sur ces problèmes en examinant nos pensées. Nous devons ensuite utiliser nos pensées positives le mieux possible et minimiser les pensées négatives. Ainsi, nous entraînerons notre esprit. Je pense qu'il serait utile pour tout le monde de pratiquer cette expérience. Que nous soyons riches ou pauvres, nous avons le même type de cerveau, et nous avons le même laboratoire où travailler dans nos têtes et dans nos cœurs. Cette expérience, de surcroît, ne coûte rien. Tout est là, en nous. Même les pauvres, même les mendiants peuvent le faire. Dans le passé, quelques-uns des plus grands maîtres tibétains ont vécu comme des mendiants, mais leur esprit et leur cœur étaient emplis de richesses.

Table

Cet ouvrage a été composé par
Graphic Hainaut
et imprimé sur presse Cameron
par **Bussière Camedan Imprimeries**
à Saint-Amand-Montrond (Cher)
pour le compte des Éditions Plon

Achevé d'imprimer en mars 2002.

N° d'édition : 13481. — N° d'impression : 021302/1.
Dépôt légal : mars 2002.

Imprimé en France